ACERCA DEL AUTOR

Og Mandino es el autor motivacional y de autoayuda más leído actualmente en el mundo. Sus quince libros han vendido más de treinta millones de copias en veinte idiomas. Miles de personas de todas las condiciones han dado crédito abiertamente a Og Mandino por cambiar sus vidas y por el milagro que han encontrado en sus palabras. Sus libros de sabiduría, inspiración y amor incluyen *The Greatest Salesman in the World* (*El vendedor más grande del mundo*); *The Greatest Salesman in the World, Part II: The End of the Story* (*El vendedor más grande del mundo, 2da. parte*); *The Christ Commission* (*Operación Jesucristo*); *The Greates Secret in the World* (*El secreto más grande del mundo*); *Og Mandino's University of Success* (*La Universidad del éxito de Og Mandino*); *Mission: Success!* (*Misión..: ¡Éxito!*); *A Better Way to Live* (*Una mejor manera de vivir*) y *The Return of the Ragpicker* (*El regreso del trapero*).

OTROS LIBROS DE OG MANDINO

OG MANDINO

El ángel número doce

Una
conmovedora
historia de
fe y valor

EDITORIAL DIANA
MEXICO

1a. Edición, Mayo de 1993
23a. Impresión, Agosto de 2002

ISBN: 968-13-2465-X

Título original: THE TWELFTH ANGEL

Traducción: Ma. de la Luz Broissin.

Ilustración de portada: Michael Deas.

Copyright © 1993 by Og Mandino.
Esta traducción se publica mediante acuerdo
con Ballantine Books, una división de Random House, Inc.

Copyright © 1993 por Editorial Diana, S.A. de C.V.
Arenal 24 – Edificio Norte
Ex Hacienda Guadalupe Chimalistac
México, D.F., 01050.

IMPRESO EN MÉXICO – PRINTED IN MEXICO

Un recuerdo amoroso a...
Doug Turno
... el chico más valiente
que he conocido
y
al reverendo Jack Boland
... el hombre más valiente
que he conocido

UN MODESTO RECONOCIMIENTO

Este libro nunca habría podido ser escrito sin la ayuda y guía de mi hijo Matthew. La idea para el relato del *El Ángel número doce* la proporcionó Matt, así como la asesoría y el consejo adecuado que yo necesitaba para hacerle justicia a este cuento tan especial.

Og Mandino

La vida de cada persona es un cuento de hadas, escrito por los dedos de Dios.

Hans Christian Andersen

I
❧❧❧

Reclusión solitaria.
Autoimpuesta.
Durante muchos días después del funeral hice
poco cuando estaba fuera de la cama, excepto desplo-
marme ante mi escritorio en el estudio durante horas incontables y pensar en terminar con mi vida.
El teléfono estaba descolgado, la máquina del fax
desconectada y todas las puertas que conducían
hacia el mundo exterior se encontraban cerradas
con llave y con el cerrojo puesto. Incluso, lo que
había parecido cada día como una corriente conti-
nua de tráfico, se convirtió gradualmente en un
largo camino circular seguido siempre por un lú-
gubre sonido del timbre de la entrada, hasta que
finalmente arranqué los cables: lo último que deseaba era la compasión de mis amigos y vecinos.
Los pasados diecisiete años habían sido muy

especiales: llenos de trabajo arduo, recompensas, amor, alegría, éxito, logros, risas e incluso algunas lágrimas. Hubo muchos momentos preciosos, tales como una larga temporada de gloria y experiencias inolvidables, pero ahora, antes de mi cumpleaños número cuarenta, la vida, de pronto, ya no valía la pena vivirla. Ocasionalmente me alejaba del escritorio, me levantaba y movía con lentitud por la habitación y me detenía para observar cada una de las fotografías familiares enmarcadas que colgaban de las paredes. Recuerdos. Los tiempos buenos y las ocasiones especiales representadas en cada fotografía todavía me resultaban tan vívidas que casi podía escuchar las voces y risas. ¿Fue Byron quien escribió que podemos ver más lejos a través de las lágrimas que con un telescopio?

Moví mi silla giratoria de madera de respaldo alto un poco hacia mi derecha, me incliné hacia el cajón inferior de mi escritorio grande de roble, tiré de la jaladera y el cajón se abrió en silencio. En el interior, encima de un directorio telefónico y varios catálogos de semillas, donde la colocara el día anterior después de una búsqueda extensa en las cajas de cartón todavía sin abrir que estaban en la cochera, se encontraba la deslustrada pistola automática Colt calibre .45, que comprara de segunda mano durante una ola de robos de casas allá en Santa Clara, unos diez años antes. Junto a la arma vieja estaba una caja de cartuchos; una caja llena. Yo odiaba las pistolas, siempre las he odiado, y después de tres tiros de prueba en el sótano de una tienda de armas en San José, nunca volví a disparar la maldita arma. Entonces coloqué el instrumento letal sobre el papel secante de mi escritorio y lo observé: pasé con lentitud los dedos sobre su rasguñada superficie. En el lado plano del cañón, justamente arriba del gatillo, estaba la silueta pequeña de un caballo encabritado y las palabras: *Modelo del gobierno. COLT automática calibre .45.* Levanté con el pulgar y el índice el extremo del orificio de la pistola, observé el cañón, y a pesar de mi estado mental quebrantado, un nombre traspasó de pronto mi autocompasión y aumentó mi confusión: Ernest Hemingway. *¡Santo Dios! ¡Un fantasma de mi niñez!* Había descubierto los libros de Hemingway en la biblioteca local, cuando tenía diez años de edad; ese verano devoré todos los libros que pude encontrar de él. Fue después de leer *Por quién doblan las campanas* por segunda vez, cuando tomé mi decisión. Cuando creciera sería escritor; un escritor famoso, y encontraría aventuras por todo el mundo, como Hemingway. ¡Qué vida maravillosa sería esa! Y entonces... y entonces mi héroe me falló. Un día de 1961 se colocó en la cabeza el extremo delantero de una escopeta cargada y tiró del gatillo. Pasé un tiempo terrible meditando sobre eso. ¿Por qué alguien era tan tonto como para hacer tal cosa? ¿Por qué? ¿Qué podía ocasionar que un hombre se quitara la vida, en especial un hombre grande, vigoroso e inteligente como él... un hombre que tenía mucho por qué vivir? Me incliné hacia adelante y observé de nuevo el cañón de la pistola: sacudí la cabeza cuando mis ojos se llenaron de lágrimas. *Señor Hemingway, por favor perdóneme por juzgarlo y pensar que fue tonto al hacer lo que hizo. Por favor.*

Di la espalda a la pistola y observé la ventana panorámica, directamente detrás de mi escritorio.

Exactamente abajo estaba una plataforma ancha que se extendía a lo largo de toda la parte trasera de la casa. Un poco hacia arriba de la colina, lejos de la plataforma, había varias hectáreas de prado verde oscuro salpicado con sillas de jardín blancas, una plazoleta en forma de herradura, una mesa de cedro y bancas, así como dos astas de golf de un metro ochenta y tres de altura con banderolas rojas de práctica, colocadas con una separación aproximada de ciento diecinueve metros, para que yo pudiera practicar con mis palos cortos. En el costado lejano del prado podía verse un seto de alheñas recién plantadas en una larga hilera única, y más allá había una pradera con varias rocas de granito enormes, arbustos altos de arándanos y un estanque pequeño lleno de ruidosas ranas verdes. Atrás de la pradera estaba un muro de piedra y un bosque poco denso de pinos, abedules, arces y algunos fresnos, que se extendía hacia mi izquierda y derecha hasta donde me alcanzaba la vista. De pronto empezaron a caer gotas de lluvia que salpicaron la ventana y opacaron mi visión hasta que el mundo externo a través del cristal tuvo la apariencia de una pintura de Monet. Diecisiete hectáreas de cielo en la tierra. Sally y yo nos enamoramos a primera vista de la casa y del terreno. La compramos el mismo día que el corredor de bienes raíces nos la mostró. Sally...

Ahora, estaba sentado casi exactamente en la misma posición que aquel sábado, apenas un mes antes, cuando ella entró en el estudio, rodeó mi escritorio y me abrazó.

–Y bien, héroe de esta tierra –preguntó con orgullo–, ¿estás listo para saludar a tu público?

14

–No estoy listo pero sí nervioso. Cariño, no he visto a la mayoría de estas personas en muchos años. No puedo creer que esta antigua ciudad haga esto. –¿Por qué no habrían de hacerlo? La gente de Boland está muy orgullosa de ti, John Harding. Tu mamá y tu papá pasaron toda su vida en esta comunidad. Naciste aquí, fuiste a la escuela aquí, ganaste tres diplomas en la escuela de segunda enseñanza, fuiste también presidente de tu grupo de graduados, asististe a la universidad, te convertiste en un seleccionado del béisbol y aquí estás, veinte años después, regresando a tu ciudad natal, mientras eres aclamado por todo el mundo de los negocios como el presidente recién elegido de Millennium Unlimited, una de las compañías de computadoras más poderosa en la industria de la computación. ¡Y... y... todavía eres muy joven! ¿Por qué no habrían de rendirte honores estas personas? Los héroes reales cada vez son más difíciles de encontrar en este mundo loco que tenemos, y esta ciudad de Boland, así como el resto de New Hampshire, tienen todo el derecho de rendirte tributo a ti, y a todo lo que has hecho con tu vida. Durante las últimas semanas, la mayoría de ellos te ha visto en *Good Morning America* o en el *Today Show*, ha leído sobre ti en *Time* y ahora, no pueden esperar para verte en persona, en especial los antiguos residentes que conocieron a tus padres y te recuerdan de cuando eras un niño. Esta mañana charlé con la señora Delaney en la oficina de correos; me dijo que la ciudad no ha estado tan frenética desde que el comandante Alan Shepard, de Derry, vino a una cena al aire libre después que se convirtió en el primer norteamericano que visitó el espacio exterior... ¡Y eso fue hace casi treinta años!

New Hampshire fue una experiencia completamente nueva para Sally, cuyas raíces estaban en Texas. Ambos fuimos contratados al salir de la universidad por una firma de Los Altos que fabricaba máquinas sumadoras portátiles. Tres meses después de conocernos nos casamos. Fue lo más inteligente que he hecho en mi vida. Durante los años que siguieron, trasladamos nuestra escasa colección de muebles y ropa quizá seis o siete veces, de un lado al otro de lo que más tarde sería conocido como Silicon Valley, a medida que cambiaba de compañías en mi ascenso persistente de escalas corporativas. Sally era una rareza de la época. Insistió en que lo único que deseaba hacer era permanecer en casa, ser ama de casa y madre... y mi principal animadora. Fue todo eso y más para mí, y hace siete años fuimos bendecidos con un hijo sano, Rick. Dos años antes, yo había asumido la vicepresidencia de ventas de Vista Computer, en Denver, y después de haber tenido la fortuna de duplicar el volumen de ventas de la compañía durante esos dos años, fui abordado por un buscador de ejecutivos para el puesto de presidente de Millennium, el tercer fabricante más importante de programas de computadora en el mundo. Al parecer el consejo directivo votó en forma unánime después que durante dos años descendió el volumen de ventas, para buscar la dirección de la compañía fuera de ésta. Para mí era un sueño convertido en realidad, tanto la oportunidad de dirigir mi propia compañía como el hecho de regresar a mis raíces en New Hampshire.

Debido a que la oficina central de la compañía y la planta principal estaban en Concord, y mi ciudad natal, Boland, se encontraba sólo a unos treinta minutos en coche, y por carreteras buenas, Sally y yo decidimos buscar una casa en Boland, y tuvimos suerte. Por supuesto, nuestro mobiliario de la costa occidental estaba por completo fuera de lugar dentro del estilo de arquitectura tradicional de las habitaciones nuevas, mas eso no le importó en lo absoluto a Sally. Casi de la noche a la mañana consultó libros y revistas sobre interiores estilo inglés primitivo y colonial, y con solemnidad me aseguró que antes de que diéramos nuestra primera fiesta en la casa para los ejecutivos de Millennium, nuestro nuevo hogar estaría amueblado de una manera que enorgullecería incluso a Paul Revere, siempre que no nos quedáramos sin dinero primero.

–Bien –suspiré, después que Sally terminó de alabarme–, dijeron que estuviéramos en la plaza de la ciudad a las dos, por lo que creo que será mejor que nos vayamos. ¿Dónde está nuestro hijo?

–Rick está en la sala, malhumorado. No está muy entusiasmado con que su juego de béisbol habitual del sábado por la tarde con sus amigos sea arruinado por las actividades de los adultos, pero como el próximo miércoles es su cumpleaños, se esfuerza por no perder puntos.

–Vamos a recibir el homenaje y a continuar con nuestras vidas –sonreí.

17

II
✻✻✻

ecuerdo vívidamente el raro espectácu-
lo de la aglomeración del tráfico en la calle Main,
mientras nuestro Town Car pasaba muy junto de
los automóviles estacionados en los dos lados de la
calle recién pavimentada aquel sábado por la mañana. Al acercarnos a la plaza empezamos a escuchar los instrumentos metálicos y los tambores de
la banda.

La ciudad de Boland, con más de 5 000 habitantes, fundada en 1781, era una comunidad pequeña
típica de Nueva Inglaterra, que casi tenía la apariencia de un escenario de Hollywood. A lo largo
de su calle principal de dos carriles, bordeada de
árboles de maple, había tres iglesias blancas antiguas con chapitel, un restaurante chico, una tienda
de comestibles y ferretería, la comisaría y oficinas
municipales que compartían el mismo edificio an-

tiguo de ladrillo rojo, un edificio de la sociedad "Patrocinadores de la Agricultura", dos gasolineras y una sucursal bancaria. Ni un solo edificio nuevo había sido construido en todo el distrito "comercial" del centro de la ciudad desde que salí a la universidad en 1967, y sólo quedaron los enormes cimientos de piedra de la Page Public Library –ahora casi cubierto por hierba y matorrales–, debido a un incendio cuatro años antes, según me informaron, que destruyó por completo el sitio favorito de mi juventud. Ese espacioso edificio estilo georgiano había sido construido con una donación generosa de uno de los ciudadanos más exitosos de Boland, el industrial coronel James Page, cuya donación a la ciudad también incluyó fondos suficientes para llenar con libros los anaqueles de la biblioteca. Por desgracia, ni cuando el edificio estaba siendo construido ni durante todos los años que dio servicio a la gente de Boland, ninguno de los funcionarios municipales pensó jamás en hacer los arreglos para asegurar el edificio más hermoso del municipio y la pequeña ciudad, a pesar de varios intentos, nunca pudo reunir los fondos necesarios para la reconstrucción después del incendio. Allende las ruinas de la biblioteca estaba la plaza con hileras de bancas, y en su lado norte se encontraba el estrado con una capa nueva de pintura de color azul claro.

–¡Vaya! –exclamó Rick, al inclinarse hacia el parabrisas– ¡Mira la multitud, papá! ¿Todos están aquí por nosotros? Si así es, por favor, ¿puedo permanecer aquí en el coche y esperarlos a ustedes dos?

Señalé hacia la manta que colgaba atravesando la calle Main: ¡BIENVENIDOS A CASA, FAMILIA

HARDING... BOLAND ESTÁ ORGULLOSA DE USTEDES!

–Mira eso, Rick. ¡Ese saludo te incluye a ti!

Mi hijo tiró de su gorra de béisbol y frunció el labio inferior.

–¿Por qué a mí? Yo no hice nada.

–Bueno... tú eres un Harding, ¿no es así?

–Sí.

–Entonces, eres cómplice. Estás en esto con nosotros.

Un policía uniformado, de pie cerca de la acera de la plaza, empezó a hacer señales con los brazos, con desesperación, tan pronto vio mi auto. Se volvió y señaló hacia un espacio vacío para estacionarse, que debió estar guardando para nosotros. Al bajarnos del coche y recibir el aplauso y vítores, el oficial levantó los dos brazos en forma protectora.

–Bienvenidos, amigos. Tengan la amabilidad de tomarse los tres de la mano y seguirme de cerca hasta el estrado. Por favor no se detengan a saludar a viejos amigos durante este recorrido, porque si lo hacen nunca llegaremos a ese estrado antes de la puesta del sol. Más tarde habrá tiempo suficiente para todo eso, pero por el momento los necesitan allá arriba –nos dijo en voz alta mientras con la cabeza señaló hacia el estrado. La gente estaba sentada tan cerca una de otra en el césped recién podado que muchas personas tuvieron que ponerse de pie para dejarnos pasar, mas con la ayuda del oficial al fin llegamos hasta los escalones del estrado y fuimos recibidos por un hombre sonriente de abundante cabellera blanca.

–Bienvenido John –gritó por encima de la ejecución de la banda de "¡Hail, Hail, The Gangs All

Here!"–. Soy Steve Marcus. Aunque no sé si me recuerdes...

–Por supuesto que te recuerdo, Steve. Eras el tesorero de nuestra clase; jugaste jardín izquierdo durante tu primer y último año... y escuché que ahora te dedicas a la práctica de la ley en Concord. Tienes muy buena apariencia y no has cambiado... excepto por el color de esto... –le dije mientras le alborotaba el cabello.

En el estrado, sentados en sillas plegables de madera que formaban un medio círculo, estaban los otros invitados. Steve recorrió con nosotros la hilera y presentó a Sally, a Rick y a mí con los tres administradores municipales, el jefe de bomberos, el jefe de la policía, el director de la escuela de segunda enseñanza y los pastores de las tres iglesias de la ciudad. No conocía a ninguno de ellos con anterioridad, excepto a uno de los administradores municipales, Thomas Duffy, un juez retirado que fue buen amigo de mi papá.

–John –dijo él con su voz de bajo profundo que yo recordaba con afecto–, mi único pesar es que tu madre y tu padre no están presentes hoy para tomar parte en esta ocasión tan especial.

–Yo también lo lamento, señor. ¡Tiene una apariencia estupenda, juez!

–Y tú también, hijo, tú también.

Steve se detuvo junto a la silla siguiente pero no hizo una presentación, sino que sonrió un poco y preguntó:

–¿Recuerdas a esta dama, John?

Me incliné más hacia adelante. Era una mujer pequeña que llevaba puesto un vestido con diseño floral delicado, su cabello plateado estaba restirado hacia atrás formando una castaña, y sobre las piernas tenía un bolso de mano pequeño, de tela blanca.

Me miró casi con timidez a través de sus anteojos sin armazón y su labio inferior temblaba un poco al gemir y levantar las dos manos hacia mí.

–¿Es usted, señorita Wray? –pregunté sin aliento.

Cerró los ojos y asintió. Me arrodillé para abrazar a mi maestra de primer grado; esa persona especial a quien le debía tanto, porque infundió en mí una pasión por los libros que contribuyó en cada paso que pude dar en la escalera del éxito. Le besé la mejilla con suavidad.

–¡Es en verdad un día especial! –aseguré.

La señorita Wray asintió, mientras las lágrimas corrían por sus mejillas arrugadas. Después de presentarla con Sally, señaló a Rick.

–¿Es este tu hijo, John? –preguntó.

–Sí. El es Rick, señorita Wray. Estará en tercer grado este otoño.

–Rick –dijo ella con voz firme y colocó sus manos pequeñas sobre las de mi hijo–, espero que estés tan orgulloso de tu padre como lo estamos todos. Sabíamos, incluso cuando era muy pequeño, que algún día sería una persona importante.

–¿En realidad enseñó a papá cuando él estaba apenas en el primer grado? –preguntó Rick cuando al fin pudo hablar.

–Por supuesto. Fue hace casi treinta y cinco años.

–¿Era muy inteligente cuando era chico?

La señorita Wray asintió con vigor.

–De haber podido promoverlo directamente al tercer grado lo habría hecho. ¡Así era de inteligente!

Sentí una mano en mi hombro.

–Lamento interrumpir esto por ahora –se disculpó Steve–, pero todos están listos para iniciar el programa. John, tú, Sally y Rick ocupen esos tres asientos vacíos en el centro y empezaremos.

Primero, todos nos pusimos de pie y cantamos "The Star Spangled Banner", acompañados por la Banda de la Escuela de Segunda Enseñanza de Boland, con los colores familiares de su uniforme, rojo oscuro y blanco. En seguida, uno de los clérigos hizo una invocación breve, seguida por una mujer rolliza con voz adorable que cantó la canción clásica de Streisand, "Memories" (Recuerdos), mientras yo estrechaba con mucha fuerza las manos de mi esposa e hijo y le daba gracias a Dios una y otra vez por mi gran fortuna.

Después, el juez Duffy se puso de pie con lentitud, caminó sin introducción hacia el micrófono, lo inclinó un poco hacia arriba, aclaró la garganta y dijo: "Señoras y señores de Boland, este es en verdad un capítulo especial en la historia de nuestra antigua ciudad, al reunirnos aquí para rendir honores a uno de los nuestros por todo lo que ha hecho con su vida en tan pocos años. Me da mucho orgullo decir que fui amigo de Priscilla y Leland Harding, y puedo recordar cuando John nació, y lo orgulloso que estaba su papá cuando nos encontramos afuera del banco y metió un cigarro puro en el bolsillo de mi camisa. El orgullo de Leland por su hijo se habría multiplicado durante sus últimos años, de haber vivido. John fue el *shortstop* estrella en la Liga Infantil de Boland, fue miembro de la National Honor Society, y se graduó con 10 en la escuela de segunda enseñanza de Boland. Durante su último año fue capitán del equipo de fútbol y del de béisbol, así como centro destacado en baloncesto. También durante su último año con el equipo de béisbol, su bateo y manera de detener y devolver la pelota fueron tan sensacionales que ganó una beca para la universidad que quizá tiene el mejor programa de béisbol en el país, la Universidad del Estado de Arizona. Durante su último año en la Universidad del Estado de Arizona, John bateó más de cuatrocientos y dejó boquiabiertos a los informadores de las grandes ligas, antes que la ruptura de meniscos terminara tristemente con sus sueños de una carrera en las grandes ligas..."

Era evidente que la calle Main había sido cerrada al tráfico tan pronto se inició el programa, pero lo que me sorprendió mientras estaba sentado y escuchaba al juez Duffy, fue el comportamiento de la multitud. A excepción de un llanto ocasional de un bebé, todos estaban, o parecían estar, pendientes de cada palabra del juez. Yo no estaba seguro si estaban cautivados por su oratoria maravillosa o por mi expediente.

El juez continuó sin consultar ninguna anotación: "A pesar de que John Harding estaba muy triste cuando sus sueños de jugar béisbol se vinieron a tierra, se graduó entre los mejores en su clase en mil novecientos setenta y uno. Fue contratado por una empresa de alta tecnología de California y ahora, en menos de veinte años, ¡con seguridad triunfó en las ligas mayores en el mundo de los negocios! Como la mayoría de ustedes sabe, nuestro querido joven amigo fue elegido recientemente presidente y director general de una compañía de computadoras, quizá la más grande en Nueva Inglaterra, con ventas anuales superiores al billón de dólares*... ¡eso es mil millones, en caso de que hayan olvidado su aritmética de la escuela de segunda enseñanza, amigos! Los medios de comunicación, desde nuestro *Concord Monitor* y *Manchester Union Leader* hasta *The Wall Street Journal*, *USA Today* y *Forbes*, se han unido todos al coro potente que elogia el estilo administrativo de John, así como su carácter, y si han tenido el placer de verlo recientemente en la televisión nacional, no pueden evitar apreciar y respetar a este hombre brillante. No obstante, lo que me enorgullece más es que cuando John vino al Este para hacerse cargo de la dirección de su compañía, eligió esta ciudad como el sitio donde quiso establecerse con su familia. Pudo haber elegido muchas comunidades pomposas cercanas a Concord, pero escogió Boland. Está de nuevo en casa; de regreso a la tierra donde pasó tantos años felices creciendo... ¡de regreso con la gente que lo recuerda y todavía lo ama!

Mientras el aplauso se hacía más y más fuerte, el juez Duffy se volvió hacia mí, sonrió mientras metía la mano en el bolsillo de su chaqueta y sacaba lo que parecía ser la medalla de bronce más grande, la cual colgaba de un listón ancho rojo. –John Harding –dijo con su mejor voz de sala de tribunal–, ten la bondad de acercarte para recibir una pequeña muestra de lo que estas buenas personas sienten por ti.

La medalla tenía por lo menos siete centímetros y medio de diámetro. El juez la sostuvo cerca de su rostro y dijo: –En esta medalla están las palabras:

---

* En Estados Unidos, un billón equivale a mil millones y no a un millón de millones. (N. del T.)

"A un hijo favorito, John Harding. Boland está en verdad orgullosa de ti". El escudo de nuestra ciudad está en el otro lado, junto con el lema del estado: "¡Vive libre o muere!" Sostuvo la medalla en alto por encima de su cabeza mientras la multitud bramaba. Se volvió y colocó el listón rojo alrededor de mi cuello, antes de abrazarme. Después, cojeó despacio hacia su asiento.

La gente se había puesto de pie, aplaudía y vitoreaba, y la banda empezó a tocar de pronto "Sueño imposible". Me volví despacio hacia Sally. Ella lloraba, pero Rick estaba de pie y aplaudía. Permanecí de pie junto al micrófono hasta que la música cesó y la multitud se calmó.

—Amigos y vecinos —empecé a decir, al tiempo que coloqué la pesada medalla en el interior de mi suéter, para evitar que golpeara el micrófono—. Les doy las gracias desde el fondo de mi corazón por este gesto tan especial de afecto hacia mí y hacia mi familia. También lamento en forma profunda que, a pesar de que hemos vivido entre ustedes ahora durante casi dos meses, he estado tan ocupado en Concord tomando las riendas de Millennium, que todavía no he tenido tiempo para visitar a muchos viejos amigos del pasado y pido su perdón. Corregiré esa omisión lo más pronto posible. ¡Antes de que transcurra demasiado tiempo prometo que los Harding haremos una parrillada en casa, y cuando la hagamos, todos ustedes están invitados!

Esperé hasta que los vítores se desvanecieron.

—Una de las cosas que me ha sorprendido desde mi regreso, es que muchos de ustedes nunca partieron de Boland. Nacieron aquí, crecieron aquí, asistieron a la escuela aquí, se casaron... y ahora, educan a sus hijos aquí. ¡Qué sabio! Todos ustedes conocen lo bueno cuando lo ven; porque no se me ocurre pensar en un lugar mejor donde vivir una vida feliz y tranquila, que justamente aquí en el corazón de New Hampshire.

"Al igual que el juez Duffy, yo también deseo que mi mamá y mi papá hubieran podido haber estado aquí para compartir este momento especial con nosotros, pero... pero... estoy seguro que están observando, así como lo estoy de que habría logrado muy poco sin su amor y guía. Les doy las gracias a todos por haber venido. Sin lugar a dudas, este día es el momento más importante de mi vida".

Y entonces... sólo dos semanas después de la celebración, mi vida se desplomó desde su punto culminante hasta lo más profundo de la angustia y desesperación. Sally y Rick viajaban por la autopista Everett, se dirigían al sur, a Manchester, para hacer algunas compras, cuando una vieja camioneta Ford que se dirigía al norte sufrió el reventón de su llanta delantera izquierda, cruzó la franja de césped central y chocó de frente con la camioneta de Sally. Sally y Rick murieron por el impacto...

... No recuerdo durante cuánto tiempo observé a través de la ventana manchada por la lluvia, en mi estudio, antes de regresar al escritorio y a la Colt .45. Abrí el cajón inferior del escritorio una vez más, saqué la caja de cartuchos y la coloqué junto al arma. En seguida di golpecitos a la caja hasta que varios cartuchos de cobre con apariencia fea rodaron hacia mí. Esto era. Deseaba morir; lo deseaba mucho. Deseaba que el dolor que sentía en el corazón se detuviera, y en ninguna parte había medicina disponible que pudiera aliviar mi agonía. Vivir sin Sally y sin Rick era un castigo que no tendría que soportar por un momento más. Saqué el cargador vacío de la pistola y empecé a colocar las balas. Fue fácil. Finalmente estaba listo. Volví a colocar el cargador en la pistola. *¡Aprisa! ¡No pienses en ello! ¡Sólo hazlo!* Levanté la pistola hasta mi frente.

—¡Querido Dios, perdóname! —sollocé.

¡Y entonces un ángel... sí, un ángel... salvó mi vida!

III

❧❧❧

*A*l principio sonó como un trueno distante. Cuando persistió, con un golpeteo casi rítmico, comprendí que los golpes sordos eran producidos por alguien que golpeaba en el recubrimiento de madera de la parte posterior de la casa. En seguida, escuché pasos en la plataforma y una voz que gritaba:

–John... John... ¿estás ahí? Responde, por favor. ¡Abre la puerta, cualquier puerta... incluso una ventana! John, soy Bill West. ¿Puedes escucharme, viejo amigo?

¿Bill West? ¿Podía ser? Él había sido mi amigo más íntimo durante todos los años de desarrollo en Boland; tan cercano como lo habría sido un hermano carnal... desde aquel primer día en el jardín de niños, cuando dos niñitos asustados compartieron el mismo asiento en un autobús escolar amarillo y viejo, hasta que íbamos cada quien con su pareja en el Buick verde de su papá para asistir al baile de graduación de la escuela de segunda enseñanza. ¿Bill West? ¿Bill West? Mi camarada, mi compañero de equipo, camarada en los *boy scouts*, mi confidente; mi mejor amigo. ¿Era en realidad la voz de Billy la que me llamaba desde la plataforma? Incluso antes que Sally y yo empezáramos a buscar casa en Boland, traté en vano de ponerme en contacto con él. Al fin me enteré de que aunque todavía vivía en la ciudad con su esposa y dos hijos, se encontraba en Santa Fe, con licencia de su compañía por enfermedad, por tres meses, para recuperarse de una operación de *bypass* triple que casi lo mató.

El sonido de los golpes se acercaba y se hacía más fuerte. Abrí de inmediato el cajón inferior derecho del escritorio, coloqué la pistola y la caja de cartuchos encima del directorio telefónico y del catálogo de semillas y cerré con un golpe. Por supuesto no necesitaba testigos para mi suicidio, y menos mi amigo más antiguo y querido.

De pronto allí estaba, escudriñando por mi ventana panorámica, haciéndose sombra en los ojos con las manos y gritando:

—¡John... soy Billy West... responde, por favor, John!

Me puse de pie y me acerqué a la ventana. Bill dio unos pasos hacia atrás antes de recuperar la compostura, sonrió y me señaló.

—Hey, viejo amigo. ¡Finalmente te encuentro! ¡Soy yo, John... Bill... Bill West!

Forcé una sonrisa y le indiqué que se acercara más a la ventana para que pudiera escucharme.

—¡Hay una puerta al final de la plataforma —grité y señalé hacia mi derecha—, ve allí y te abriré!

Nos abrazamos durante varios minutos y después dimos unos pasos hacia atrás, pero no demasiados, para no dejar de abrazarnos. Las palmas de las dos manos de Bill golpeteaban mis mejillas, mientras mis dedos estaban cerrados con fuerza en su nuca. Ambos llorábamos.

Bill habló primero, después de sacar un pañuelo y sonar su nariz.

–Pésimo encuentro, ¿no es así? Lo lamento, John.

Traté de responder, pero no pude. Bill colocó las manos en mis hombros.

–Leí todo sobre tu gran nombramiento en Millennium –dijo con voz ronca–. La tía Jessie nos telefoneó a Nuevo México para darnos la noticia sobre la celebración de bienvenida que tenía planeada Boland, pero mi médico insistió en que si en verdad amaba a mi familia debería quedarme recostado en una hamaca en Santa Fe, por un par de meses más, antes de regresar. Dijo que más tarde podría celebrar con mi viejo amigo. Sin embargo, cuando Jessie llamó de nuevo para dar la noticia terrible sobre Sally y Rick, no pude quedarme allá.

–Bill –dije con voz suave–, debiste haber escuchado a tu médico. Gracias por preocuparte, pero en realidad me temo que no hay nada que alguien pueda hacer por mí. Hey, no nos quedemos de pie aquí. Hay más comodidad en la sala.

Nos sentamos en silencio hasta que al fin Bill dijo vacilante:

–Es una habitación... encantadora, John.

Fijé la mirada en la alfombra antigua Heriz y sacudí la cabeza.

–Sally no dejaba de prometerme que para Navidad tendría la sala con la apariencia que deseá-

33

bamos. Creo que sólo he estado aquí una vez desde el accidente, e incluso entonces sólo pude quedarme aquí un par de minutos. Mi bella dama está en todas partes. Recuerdo la tarde que compramos ese sillón Reina Ana y ese secreter de nogal en Conway, y la mañana lluviosa de domingo cuando fuimos a comprar ropa para las vacaciones y regresamos a casa con este sofá Chippendale, en lugar de la ropa.

Bill recorrió despacio la habitación con la mirada, se detuvo para estudiar el óleo de buques de vela clíper que navegaban en el puerto de Portsmouth; la mecedora Shaker con asiento tejido; la chimenea grande con su repisa de nogal labrado; el rifle de chispa que colgaba arriba de la repisa, así como el reloj de péndulo de dos metros y medio de altura en la esquina más cercana a nosotros.

—Espléndido —suspiró cuando el reloj dio el cuarto de hora con campanadas.

—El favorito de Sally —asentí—... entre todos los muebles.

Bill forzó una sonrisa.

—¿Cuánto tiempo ha transcurrido desde que nos vimos por última vez?

—La reunión de la escuela de segunda enseñanza. La décima... ¿no es así? Sólo vine a esa. Después estuve demasiado ocupado.

—¡Eso fue hace doce años! —Billy sacudió la cabeza—. ¿A dónde se va el tiempo?

—Viejo amigo, no lo sé... y en realidad, no me importa.

—Me dijeron que nadie te ha visto desde el funeral. ¿Has estado encerrado en esta casa todo ese tiempo?

–No. Todas las noches, después que oscurece, camino por el sendero y vacío el buzón. No tengo otro motivo para salir. El congelador está bastante lleno y todavía hay vino en el sótano.

–¿Qué hay sobre tu compañía? Sé que han tenido muchos problemas durante los últimos años, y pienso que es probable que necesiten a su líder en el timón casi en todo momento, para que los saque de las aguas turbulentas.

Dudé. Las palabras resultaban difíciles de pronunciar.

–Bill; dos días después del funeral escribí a mi mejor amigo del consejo directivo de Millennium y presenté mi renuncia. Les dije que la compañía seguramente merecía más, mucho más de lo que me sentía capaz de ofrecerles, puesto que para mí se había convertido en una lucha terrible el levantarme de la cama cada mañana. Ni siquiera me dolió escribir esa carta, lo cual me dio una buena idea de mi estado mental. En realidad enterré todas mis esperanzas y sueños con Rick y Sally. Ya transcurrieron un par de semanas y todavía me siento igual, Bill.

–Es un consejo administrativo difícil y firme el que se sienta alrededor de la mesa óval de Millennium. Hace seis años, John, derramé mucho sudor y lágrimas elaborando su plan de pensión. Tengo treinta años de experiencia en planes de seguros y pensión, mas ellos me hicieron ganarme cada centavo de mi comisión... y algunos más. Por lo tanto, ¿qué clase de respuesta recibiste a tu carta?

–Una que nunca esperé. No aceptaron mi renuncia. Me dieron permiso de ausentarme cuatro meses, con sueldo, y sugirieron que me reúna con ellos

35

poco después del Día del Trabajo. En mi carta sugerí los nombres de dos vicepresidentes, ambos contratados por mí, pues pensé que cualquiera de ellos actuaría bien como mi sucesor. El consejo directivo nombró a uno de ellos presidente y director general por cuatro meses.

—Entonces... ¿regresarás a trabajar en septiembre?

No dije nada.

—¿John?

¿Qué podía decirle? ¿Que no esperaba actuar un día más como presidente de Millennium? ¿Que ni siquiera deseaba *vivir* un día más, y que tan pronto se fuera terminaría con lo que interrumpió y me suicidaría?

—¿John? John, lo lamento. Es demasiado pronto para que empieces a pensar en regresar al trabajo. Fui muy desconsiderado al preguntar. Sólo vine a ofrecerte mi amor y compasión, y a averiguar si hay algo que pueda hacer para que tu carga sea un poco más ligera. Como en los viejos tiempos, ¿recuerdas?

—Gracias —murmuré, y le di unas palmadas en la rodilla.

Bill se puso de pie, frunció el ceño y me miró.

—También vine por otro motivo. Necesito un favor, un favor que nadie que conozco puede hacerlo mejor que tú.

—Nada más pide.

—Mi camioneta está estacionada en tu sendero. ¿Podrías venir a dar un paseo conmigo?

—¿Qué?

—Un paseo... me gustaría llevarte a dar un paseo corto. Ni siquiera saldremos de la ciudad, y pro-

meto que estarás aquí de regreso en treinta minutos. ¡Lo juro! Treinta minutos. Ciertamente un breve instante
de tiempo. Tiempo. El producto más precioso del
mundo y cuyo valor aumenta cada día. Franklin lo
llamó el material del que está hecha la vida; y ahí
estaba mi viejo amigo, me pedía *sólo* treinta
minutos, sin tener idea de que si hubiera llegado
a golpear mi ventana treinta minutos después habría encontrado mi cadáver.

–Lo lamento, viejo amigo –negué con la cabeza–,
pero no creo ser buena compañía para un paseo, ni
siquiera durante ese tiempo tan corto. El último
automóvil en que viajé fue un Cadillac largo y
negro, detrás de una carroza fúnebre.

–Compláceme, John. No tienes que ser un buen
compañero de paseo. No pronuncies ni una palabra si así lo deseas. Nada más ven conmigo, por
favor. Por favor.

Fui.

Ninguno de los dos habló hasta que llegamos a
la calle Main, pero cuando pasamos la plaza y el
estrado, Bill dijo:

–Me dicen que esta antigua ciudad te brindó una
gran celebración de bienvenida –de inmediato hizo
una mueca, golpeó el volante y dijo con enfado–·
¡Lo lamento, John!

No respondí. Bill dio vuelta hacia la derecha después de pasar la Iglesia Bautista, cruzó un puente
pequeño cubierto, y cuando pasamos el viejo cementerio de la ciudad con sus lápidas de pizarra,
delgadas e inclinadas, supe adonde me llevaba. En
unos minutos más nos deteníamos en un estacionamiento pavimentado, cuyo costado lejano estaba

protegido por una alambrada que tenía al menos tres metros y medio de altura. De la alambrada colgaba un rótulo largo de madera, azul y dorado, el cual anunciaba con letras góticas que estábamos en el PARQUE DE LA LIGA INFANTIL DE BOLAND... como si necesitara que un letrero me lo dijera.

Podía sentir cómo latía con fuerza mi corazón al seguir a Bill por la abertura del jardín derecho del parque, entre el final del enrejado y el muro de madera del parque que formaba un arco suave desde la línea de *foul* de la derecha, pasando por un punto más profundo en el centro, hasta la línea de *foul* de la izquierda. El número 202, en color amarillo vívido, estaba recién pintado en los extremos derecho e izquierdo de la cerca, para indicar la longitud en pies de la línea de *foul*. Recordé haber bateado un jonrón por encima de la cerca, por el jardín central, durante mi último año en la Liga Infantil, y al día siguiente, mi tío midió hasta el punto donde la pelota pasó por encima de la cerca... ¡75 metros!

Cuando Bill y yo llegamos al jardín central, él se detuvo, extendió la mano hacia mí y dijo con afecto:

–John, ahora estás realmente en casa.

Respiré profundo y me volví despacio hacia mi derecha, hasta completar un círculo de 360 grados. Entonces me volví e hice lo mismo en dirección contraria, antes de decir casi en un susurro:

–Sorprendente, verdaderamente sorprendente. ¡El parque tiene con exactitud la misma apariencia que hace treinta años! ¡Mucha pintura fresca, madera nueva, un buen enrejado y un estacionamiento mucho mejor, sin embargo, todavía es nuestro viejo parque! Mira, Billy, todavía tiene esos anuncios pequeños, tipo cartelera, pegados a lo largo de la cerca del jardín, a la derecha y al centro... y algunas de esas compañías se anunciaban cuando jugábamos... y en el jardín izquierdo, la pared está pintada de verde... sin anuncios... exactamente como la pared del jardín izquierdo en el Fenway Park, en Boston, que siempre llamamos "el monstruo verde".

Señalé el marcador arriba de nuestras cabezas, en el jardín central, y sonreí.

–¿Recuerdas que nuestros papás tenían que subir esa escalera junto a la plataforma del marcador y anotar los tantos, entrada por entrada? Antes del juego los padres echaban a suertes quién haría esa tarea, y a la persona cuyo nombre salía –el "perdedor", lo llamaban–, se le daban los cuadros de madera con los números, subía esa escalera después de cada anotación y colgaba el número de carreras anotadas.

–Todavía lo hacen, John.

Caminé con lentitud hacia el diamante, hasta quedar de pie en mi antigua posición del *shortstop*. Bill caminó sobre el césped hacia la izquierda de la segunda base y nos miramos. De pronto e impulsivamente junté mis manos, me agaché como para atrapar una pelota baja rápida, la sostuve en las manos y lancé la pelota invisible a Bill, quien se había movido y se encontraba de pie en "segunda base". Levantó las manos como para atrapar mi tiro, se volvió y la lanzó hacia donde estaría el jugador de primera base. ¡Doble *play*! Aplaudí.

Con los brazos enlazados caminamos despacio hacia el montículo del lanzador.

–Mira las tribunas –suspiré–. ¡No han cambiado! Unas veinte hileras hacia arriba desde detrás de la tercera base, a todo lo largo de la malla de protección detrás de la base del bateador, hasta detrás de la primera base. ¡Vaya!

–La capacidad de asientos no ha cambiado –asintió Bill–. Estas tribunas dan cabida a un poco menos de mil aficionados. No está mal para una ciudad de sólo cinco mil habitantes. Vamos a sentarnos –señaló hacia el *dugout* de espera para los jugadores, detrás de la tercera base.

–Eso está diferente –dije–. Nosotros sólo teníamos bancas, pero estos son cobertizos reales de concreto, hundidos en la tierra, con escalones para subir al campo de juego, y un techo. ¡Un equipo de grandes ligas!

Bajamos al cobertizo y nos sentamos en la banca verde y ancha.

–El campo está en buen estado –comenté–. Este lugar debe recibir mucha atención tierna y amorosa.

–Sí, están listos para el inicio de la temporada en tres semanas. Las pruebas de aptitud son este sábado por la mañana. El campo está listo... pero me temo que la liga no lo está.

–¿Qué significa eso?

–Durante los últimos veinte años, con excepción de un año, siempre hemos podido reunir suficientes niños para formar nuestra liga de cuatro equipos, con al menos doce jugadores en cada equipo, y parece que este año una vez más tendremos suficiente personal.

–Entonces, ¿cuál es el problema?

–John, mis dos hijos están ahora en la universi-

40

dad; lo cual significa que han transcurrido muchos años desde que estuvieron mezclados con la Liga Infantil. No puedo decir lo mismo de su padre. Como recuerdas, es difícil para los papás de muchos de los jugadores ofrecer sus servicios como entrenador o como *manager*, porque tienen empleos que dificultarían su presencia en la mayoría de los entrenamientos, a diferencia mía, puesto que puedo elegir mi horario. Por lo tanto, cada año continúo ofreciendo mis servicios como entrenador, y si alguno de los cuatro *managers* de los equipos puede utilizarme, soy suyo durante la temporada.

–Bill, pienso que eso es fabuloso. Con tu conocimiento del programa y la experiencia al tratar con estos niños, estoy seguro que eres una persona muy útil para cualquier equipo.

–Eso espero –suspiró–. De cualquier manera, hace varios meses, Tom Langley, cuyo hijo fue el receptor as de la liga el año pasado, fue elegido por el presidente de la liga y los miembros del consejo para que este año sea uno de los cuatro *managers* y me pidió que ayudara como entrenador. Por supuesto, estuve de acuerdo. Pero entonces, mi angina de pecho entró en acción y estuve casi seguro que no tomaría parte este año, si no es que nunca. No obstante, cuando me enteré de tu... problema, tuve que venir a casa por si podía ayudar de alguna manera, y ahora existe otro motivo para quedarme. La liga me necesita. Parece que Langley fue promovido por su compañía, hace un mes, y ya puso su casa en venta y se fue a vivir a Atlanta. Por lo tanto, uno de nuestros equipos necesita un *manager* y no hay mucho tiempo.

Habíamos sido amigos durante muchos años. Estaba casi seguro de que podía presentir lo que seguiría. Bill se inclinó hacia mí y dijo:

—John, ¿recuerdas que te dije que necesitaba un favor?

No pude mirarlo.

—Pensé que sólo deseabas llevarme a dar un paseo.

Bill rió.

—Bueno, en cierta forma. Un recorrido de doce juegos. Los directivos de la liga estaban un poco intimidados por tu posición y éxito para ponerse en contacto contigo, en especial debido a tu gran pérdida, por lo que ofrecí explorar contigo la posibilidad de que administres un equipo de la Liga Infantil este año.

—Viejo amigo —dije con tristeza—. Ni siquiera puedo preparar mi propio desayuno, mucho menos tratar con una docena de niños hiperactivos que se esfuerzan por alejarse de la autoridad paternal. Nunca podría hacerlo.

—John, todos estamos convencidos que serías un buen *manager* de la Liga Infantil. Con tus antecedentes, estás familiarizado con el programa y sus metas; serías un maestro excelente, gran modelo y tus jugadores aprenderían mucho de tus conocimientos sobre béisbol, así como a manejar la victoria, la derrota y a tratar a los compañeros de equipo y a los oponentes. Recuerdo muchas cosas sobre ti, amigo. Sé que los niños te amarían.

—Sin embargo, ese amor tiene que fluir de las dos partes, Bill, y me temo que todo mi amor está enterrado en el Cementerio Maplewood.

—Te ayudaré, John. Soy un buen entrenador.

Ahora que Millennium te dio el verano libre, ésta sería una forma maravillosa para llenar tu tiempo durante el par de meses próximos. Podría ser la mejor terapia para ti, viejo amigo.

–Lo lamento –negué con la cabeza y murmuré–. No puedo hacerlo.

Bill se puso de pie, subió despacio los escalones del cobertizo de espera y se dirigió hacia la base del bateador. De pronto, se detuvo, se volvió hacia mí y dijo:

–John... ¿recuerdas nuestro último año que estuvimos juntos en la Liga Infantil? Quedamos invictos. Campeones de Liga. ¿Recuerdas el nombre de nuestro equipo?

–Por supuesto. Éramos los Ángeles.

Bill asintió.

–¡Ese es el equipo que no tiene administrador este año!

Cerré los ojos durante no sé cuánto tiempo. Después, me escuché a mí mismo preguntar:

–¿Dijiste que las pruebas de aptitud serán el sábado por la mañana?

Bill se inclinó hacia mí y dijo con voz suave:

–El sábado a las nueve. Por favor considéralo John. Iré a verte alrededor de las ocho y media en caso de que hayas cambiado de opinión, ¿de acuerdo?

–¿Qué día es hoy?

–Jueves.

Me encontraba varios pasos detrás de Bill, mientras caminábamos despacio sobre el césped verde y tupido hacia la abertura en el jardín derecho del campo y al estacionamiento. De pronto vi que Bill tropezaba, recuperaba de inmediato el equilibrio y se agachaba. Al volverse tenía en la mano la pelota de béisbol más raspada, golpeada y curtida por la intemperie que había visto. Colocó la pelota en mi mano y se volvió, sin pronunciar palabra.

IV
❦❦❦

No pude entrar después que Bill me dejó
ante mi puerta principal, por lo que rodeé la casa
hacia la parte posterior y bajé hacia la pradera.
Ramilletes densos de azucenas atigradas en flor
formaban su propio laberinto natural hasta la línea
de árboles, y como una docena de arbustos altos de
arándanos silvestres estaban cubiertos con flores
blancas. Me acerqué más a uno de los arbustos y froté
la palma de la mano con suavidad contra las frágiles
flores. Sally, Rick y yo habíamos recorrido ese mismo sendero incluso antes de vivir allí, y todavía
recuerdo lo entusiasmada que estaba Sally cuando
le mostré las plantas de arándano. Levantó los dos
brazos en alto, extendiéndolos hacia afuera para
abarcar todos los arbustos cercanos y gritó:

–¡Ustedes dos; córtenlos cuando estén maduros

45

y prometo hornear todos los pasteles y panecillos que puedan comer!

Después de cortar una ramita de botones y colocarla en el bolsillo de mi camisa, descendí dudoso por una pequeña loma hacia el estanque oval y me senté junto a la orilla del agua, en la misma roca plana de granito que los tres compartiéramos aquel día. El corredor de bienes raíces nos había dicho que había percas y lobinas en el agua, y yo le había prometido a Rick que cuando viviéramos en la casa tendría su propia caña de pescar, y que lo enseñaría a usarla. Nunca tuve la oportunidad.

Cuando al fin regresé a la casa, entré por la puerta lateral de la cochera para dos autos adjunta y encendí la luz del techo. Como no había conducido mi Lincoln en más de tres semanas, lo rodeé despacio, para asegurarme que ninguna de las llantas estuviera baja. Por supuesto, el otro sitio para estacionarse ahora estaba vacío. Excepto por dos manchas chicas de aceite de color café en el suelo de cemento, no había señales de que un coche hubiera estado estacionado allí. A lo largo de la pared izquierda, cerca de la entrada del pasillo que comunicaba con la cocina, estaba la bicicleta Huffy "Street Rocker" roja, rodada "20" de Rick, todavía sin ningún raspón, regalo de su séptimo cumpleaños.

En la cocina me preparé una taza de café instantáneo, para acompañar a lo que se había convertido casi en una dieta diaria: galletas saladas y crema de cacahuate. Al sentarme ante la mesa antigua de pino que Sally insistiera en comprar, junto con las seis sillas que hacían juego, después de enterarse de que fue fabricada antes que George Washington hiciera su primer juramento al asumir su cargo, me encontré observando esa pieza bordada, única y decorativa, llamada muestrario, la cual se encontraba frente a mí, en la pared de la cocina. Más recuerdos. Algunos eran de mi amada madre, sentada en su mecedora después de terminar el trabajo del día, canturreando con voz suave mientras bordaba hileras de letras del alfabeto, flores, paisajes campestres, frutas, e incluso poemas completos en cuadros de lino teñidos con té y del tamaño de toallas faciales, utilizando hilos de todos los colores imaginables. Su paciencia al tratar los detalles más insignificantes, así como su talento, le ganaron multitud de galardones en la ferias de los condados, a lo largo de New Hampshire, a pesar de la dura competencia.

El muestrario de nuestra cocina, que consistía en doce hileras de letras del alfabeto en diferentes estilos, mayúsculas y minúsculas, fue el regalo de boda que mi madre dio a Sally y a mí, y había estado colgado en todas las cocinas que ocupamos durante nuestra vida matrimonial. "Algunas personas cuelgan herraduras viejas en sus casas para la buena suerte", dijo Sally a mi madre en una ocasión, "pero en nuestra casa colgamos el precioso muestrario que nos dio". A través de los años, en ninguna de nuestras cocinas lució tan bien como en este ambiente campestre. En la parte inferior de la tela enmarcada y sin cristal, "como lo hacían en los viejos tiempos", recuerdo que dijo mi madre, estaba su nombre y la fecha de cuando el trabajo fue terminado: *Elizabeth Margaret Harding, agosto, 1954.* Yo tenía entonces cuatro años de edad.

Sentado en esa tranquila cocina, bebiendo café y haciendo migas con las galletas, observaba casi hipnotizado el muestrario laborioso con el que viviera durante tantos años de mi vida, cuando de pronto recordé la manera en que mi madre enfrentó siempre la muerte, incluyendo la pérdida de mi padre. Mamá era muy religiosa, y siempre que ocurría una muerte en Boland, ya fuera de un extraño o de un amigo, se aseguraba de asistir al velorio, fuera en una agencia funeraria o en la casa de la persona. Cuando yo era muy pequeño, con frecuencia me llevaba con ella en lugar de dejarme al cuidado de nuestro vecino. Ahora, sentado en mi cocina con su muestrario ante mí, resultaba fácil recordar cómo consolaba a los afligidos. Estoy casi seguro de que sus poderosas palabras de consuelo nunca cambiaron a través de los años, y recientemente yo las utilizaba para dar mi pésame por la pérdida de un amigo.

Mi madre, después de abrazar a la esposa, hijo o padre afligido, decía con mucha amabilidad: "No debes llorar más. Seca tus lágrimas. ¡Sólo recuerda que donde está ahora tu Robert, no cambiaría lugares con ninguno de nosotros!"

Me incliné hacia adelante y enterré la cabeza en mis brazos. "*John*", casi podía escuchar la voz suave de mi madre de nuevo, "*no debes llorar más. Seca tus lágrimas. ¡Sólo recuerda, por favor, que donde están ahora Sally y Rick, no cambiarían lugares con ninguno de nosotros!*"

El viernes por la mañana desperté por el ruido gutural de las potentes segadoras. Bobby Compton y su equipo de Homestead Landscaping hacían su trabajo semanal. En lugar de colocar la almohada sobre mi cabeza, como lo hiciera durante las últimas semanas, me levanté de la cama, tomé una ducha, me afeité, me puse unos pantalones de mezclilla y camisa deportiva limpios, y salí para saludar a Bobby. Al verme, dejó su podadora y se apresuró a acercarse a mí. Extendió su mano y dijo:

–Lo lamento, señor Harding.

–Gracias, Bob –asentí.

–Cada viernes hemos hecho nuestro trabajo aquí, a pesar de que no tuve suerte al tratar de localizarlo. ¿Estuvo bien eso?

–Por supuesto. Me da gusto haberte contratado. ¡El lugar tiene una apariencia fabulosa!

–¿Hay algo especial que le gustaría hiciera?

–No, sólo continúa con lo que estás haciendo.

–Señor Harding, ayer me encontré a la señora Kelley en la tienda del pueblo. Está muy preocupada por usted. Dijo que ha venido varias veces, y que también trató de telefonearle con frecuencia, pero no tuvo suerte.

Rose Kelley había sido contratada por Sally para que hiciera la limpieza un día a la semana. En unas cuantas semanas llegamos a amarla y virtualmente la adoptamos en nuestra familia. Incluso, Rick empezó a llamarla nana.

–Gracias, Bob. Me pondré en contacto con ella. Que tengan un buen día, muchachos.

–Usted también, señor.

Tomé jugo de naranja, café y dos rosquillas de pan, antes de llamar a Rose.

–¡Señor Harding, me da mucho gusto escuchar de nuevo su voz, santo Dios!

–También me da gusto escuchar la suya. La extraño y sé que la necesito. Por favor, perdóneme por no llamarla antes...

–Oh, comprendo, señor.

49

–De cualquier manera, el lugar está desarreglado y polvoso. No he hecho mucho aquí desde... desde...

–Lo sé, y lo lamento. ¿Qué tal hoy? ¿Puedo ir ahora, o sería inconveniente para usted?

–No, está bien... o venga cuando lo desee. Nada más llame con fuerza en la puerta principal, Rose. Hay un problema con el timbre.

Ella estuvo ante la puerta principal en menos de veinte minutos. Después de un abrazo largo y algunas lágrimas, acomodó su pañuelo verde y se dirigió hacia el armario de las escobas en la planta baja. A pesar de que Rose tenía más de sesenta años y no pesaba más de cuarenta y cinco kilos, estaba increíblemente fuerte y lo probó una vez más por la forma en que movió nuestra potente aspiradora por todas las habitaciones de la casa. Antes de que oscureciera, con sólo un descanso corto para comer el almuerzo ligero que llevaba, como siempre, en una bolsa de papel, la casa estaba inmaculada. Cuando la mujer entró en mi estudio para dar las buenas noches me puse de pie de un salto, me acerqué a ella y le besé la mejilla.

–¿La semana próxima? –preguntó–. ¿El jueves, como de costumbre?

Extendí la mano. En ella estaba el duplicado de una llave de la casa, que Sally y yo, sólo días antes del accidente, acordamos darle.

–El jueves está bien... y ahora tiene su propia llave, para que cuando yo no esté aquí, pueda entrar y hacer su trabajo, ¿de acuerdo?

Asintió, y sus ojos se humedecieron. En seguida, mordió su labio inferior varias veces, inhaló profundo y dijo:

–Señor Harding, mientras hacía la limpieza encontré... muchas cosas de Sally, aquí y allá. No supe cómo preguntarle lo que quería hacer con ellas, por lo que dejé todo donde estaba.

–Está bien. Yo recogeré, aunque me temo que incluso después de que todas sus cosas se guarden, ella todavía estará en cada habitación.

Las lágrimas corrían por las mejillas de Rose.

–Tampoco supe qué cosa hacer en la habitación del niño, por lo que sólo hice la cama, coloqué algunos juguetes en la caja de juguetes y sacudí.

–Gracias, Rose. La veré la próxima semana.

Regresé a mi escritorio y me senté; coloqué la barbilla sobre las palmas de las dos manos. ¿Qué hacía yo? ¿Mantenía las apariencias? ¿Para qué? ¿Sacudir y aspirar la casa? ¿Los juguetes de Rick guardados? ¿Por qué? ¿Qué diferencia hacía eso? ¡Maldición! ¡Maldición! Abrí el cajón inferior izquierdo del escritorio y observé la fea pistola cargada. Las mismas preguntas anteriores explotaron en mi cabeza. ¿Para qué vivir? ¿Para quién vivir? ¿Quién? Sobre mi escritorio estaba la pelota de béisbol, café y vieja, con su superficie cortada y raspada, con la que tropezara Bill y me diera cuando salíamos del parque de béisbol. La tomé y la coloqué contra mi mejilla. *¡Oh, Dios, por favor, ayúdame!*

V

ΨΨΨ
Ψ

$\mathcal{E}$l sábado por la mañana había recorrido el sendero de la entrada y estaba apoyado sobre mi buzón esperando, cuando Bill llegó en su viejo Buick. Parecía sorprendido y contento al verme, sin embargo no dijo nada mientras viajábamos, al menos durante cinco minutos. Entonces, con la mirada todavía fija al frente, sacudió varias veces la cabeza y dijo:

—Estoy muy orgulloso de ti, viejo amigo.

—Creo que sería sabio que no juzgaras en este momento. No estoy seguro de saber lo que estoy haciendo o si seré capaz de llevar a cabo esto. Es muy probable, Bill, que yo te falle y huya de este compromiso, y es posible que sea muy pronto y no después. Tienes que comprender y estar listo si no puedo lograrlo.

Bill extendió la mano y me entregó una tablilla

con sujetapapeles que estaba a su lado, en el asiento del coche.

—Escribí a máquina una lista de todos los jugadores aspirantes; lo hice anoche para que pudieras hacer anotaciones mientras evalúas a los chicos durante la prueba. Ese número rojo que está antes de cada nombre aparecerá en un pedazo de papel grueso prendido en la parte posterior de la camisa de cada niño. Esto facilitará que los entrenadores y *managers* que juzgan el talento identifiquen a los niños y anoten sus opiniones y las clasificaciones para cada uno de ellos. Este año estamos haciendo esto por primera vez. Esto facilitará mucho y acelerará la selección de jugadores del lunes por la noche.

—¿Y qué significa este otro número... el que está después de cada nombre? —pregunté.

—Esa es la edad del niño. Sólo para refrescar tu memoria, la fecha mágica es agosto primero. Los niños deben tener nueve años antes de esa fecha, y no cumplir trece años sino hasta después de dicha fecha para poder jugar... edades de nueve a doce, como siempre ha sido. Por mera suerte este año no tenemos aspirantes de nueve años, pero hay un buen grupo de niños de diez, once y doce años.

—Algunos de estos nombres están subrayados. ¿Por qué es eso?

—Bueno —Bill sonrió—, supongo que los otros tres *managers* tienen un poco de ventaja sobre ti, puesto que han vivido aquí durante años y conocen a la mayoría de los niños. Además todos ellos dirigieron el año pasado, por lo que tienen una buena noción acerca del talento disponible. Los nombres que subrayé son los de los doce chicos que pienso son los atletas más destacados. Los tres nombres subrayados con doble línea son los de los tres mejores lanzadores, al menos según lo que recuerdo de su actuación el año pasado. Sin embargo, este es tu equipo –dio unas palmaditas en mi rodilla–, y tu grupo de ángeles tendrá que ser elegido por ti. –No obstante, ¿compartirás tu opinión experta conmigo, no es así?

–Si la pides –respondió y sonrió.

Tan pronto como bajamos del coche en el estacionamiento de la Liga Infantil, pude escucharlos... a los niños... gritaban, reían, llamaban a sus compañeros jugadores, acompañados por un golpeteo casi rítmico de pelotas de béisbol al ser atrapadas en los guantes de piel. Todavía era temprano, pero era obvio que la mayoría de los candidatos para jugar ya se encontraban en el campo y hacían lo que creían necesario para atraer la atención de algún directivo o entrenador.

Caminar con Bill por un campo callado y vacío la otra tarde fue una cosa, pero esto era mucho más difícil. No sé lo que esperaba, pero los niños no parecían, sonaban o actuaban muy diferente a mis jóvenes compañeros, casi treinta años antes, cuando este campo fue para mí el más venerado en todo el mundo. Cerré los ojos, escuché los sonidos y traté de recordar mi primera prueba en la Liga Infantil. Unos días antes había cumplido nueve años, estaba nervioso y asustado, y mi papá me había traído a este mismo campo en su camioneta. Antes de separarnos en el estacionamiento y que yo corriera hacia el diamante por primera vez, extendió su mano, sonrió y dijo:

–¡Rómpete una pierna, hijo!

55

Sabía lo que él quería decir porque esa frase extraña se mencionó a la hora de la cena una noche, y mi madre con paciencia explicó a ambos que con esas palabras la gente del espectáculo se deseaba mutuamente buena suerte antes de una actuación. ¡Rómpete una pierna!

–¿John?

Abrí los ojos. Bill se encontraba a unos metros de distancia y fruncía el ceño–. ¿Te encuentras bien?

Encogí los hombros y asentí. Él señaló hacia el *dugout* cerca de la primera base.

–Vamos a conocer a los directivos de la liga mientras tenemos tiempo.

El presidente de la Liga Infantil de Boland, Stewart Rand, ya era conocido mío, puesto que era funcionario en el banco de ahorros de la localidad, y nos habíamos conocido la mañana en que Sally y yo abrimos nuestras cuentas de cheques y ahorros. Al ver que nos aproximábamos se levantó de la banca y extendió su mano hacia mí, antes que Bill pudiera decir algo.

–Señor Harding, nos da mucho gusto que esté con nosotros. Todos le damos la bienvenida con los brazos abiertos, y también le damos nuestro más sentido pésame. Gracias por su buena voluntad de compartir su tiempo, su esfuerzo y su considerable conocimiento sobre béisbol con nuestros pequeños. Estoy seguro que serán mejores jugadores y ciudadanos debido a su consejo, dirección y ejemplo. Perdone el discurso –sonrió–, pero estoy convencido de cada una de mis palabras. Usted es un hombre muy especial y me da gusto que esté con nosotros.

Murmuré las gracias. En seguida Bill me presentó con Nancy McLaren, la secretaria tesorera de la liga, y después a tres miembros de la directiva, a los otros tres *managers* y sus entrenadores, así como a varios padres, cuyos nombres olvidé poco después de las presentaciones.

Al fin, en respuesta a un solo toque del silbato que colgaba del cuello del presidente Rand, los jugadores suspendieron los lanzamientos y carreras y con alboroto ocuparon los asientos en las filas más bajas de las tribunas detrás del *dugout*. Los padres que estaban esparcidos en la tribuna principal empezaron a ocupar lugares en las filas superiores detrás de los niños, para escuchar, en tanto que el presidente de la liga esperaba con paciencia que todos estuvieran acomodados mientras movía la mano y asentía en forma constante a la gente que gritaba su nombre. Cuando al fin cesó la charla en las tribunas, levantó la mano derecha y dijo en voz alta:

—Buenos días padres, jugadores y amigos de la Liga Infantil de Boland. Mi nombre es Stewart Rand. Como presidente de la liga este año, les doy la bienvenida a la pretemporada de lo que será nuestro cuadragésimo cuarto año como Liga Infantil constituida. Eso significa que, a través de los años, hemos enviado con orgullo a varios miles de jóvenes de Boland al mundo, esperanzadamente empapados con cualidades de trabajo en equipo, juego limpio, valor, persistencia y disciplina, lo que los ha hecho mejores adultos y ciudadanos.

Stewart Rand hizo una pausa, sonrió y añadió:

—Tenemos mucho que lograr durante el próximo par de horas e intentaremos, con la ayuda generosa de nuestros *managers* y entrenadores, así como de varios padres, dar a cada jugador una oportunidad para demostrar lo que puede hacer con el bate, en las bases y en el campo. Mientras toda esa energía se·derrama en nuestro histórico campo, nuestros cuatro *managers* de equipo, sobre quienes recaerá tanta responsabilidad durante los próximos dos meses, también recorrerán el campo de grupo en grupo para observar, juzgar y hacer anotaciones, de tal manera que el lunes por la noche, durante la selección, puedan formar cuatro buenos equipos para nuestra excitante competencia de doce juegos por el banderín.

Bill y yo estábamos de pie, junto con los otros *managers* y entrenadores, detrás de Rand. Bill se volvió y me dijo en voz baja:

–Me reuniré contigo más tarde –caminó despacio hacia el presidente de la liga, mientras Rand decía:

–Y ahora, dejaré esta mañana en manos de un viejo amigo mío y de muchos de ustedes, Bill West, quien coordinará las diferentes actividades.

Las pruebas duraron hasta después del mediodía. A cada jugador se le permitieron una media docena de turnos al bate desde el *home* y la pelota era lanzada por uno de los entrenadores, quien poseía la habilidad única de lanzar pelota tras pelota dentro de la zona de bateo. Durante la prolongada sesión de bateo, al menos seis niños se turnaron para atrapar la bola detrás del *home*. A cuatro de éstos se les permitió entrar en el campo en una ocasión mientras se llevaba a cabo la sesión de bateo y les dijeron que ocuparan la posición que eligieran y que atraparan y lanzaran cualquier pelota que fuera bateada hacia ellos. Mientras todo esto sucedía, otro entrenador y padre estaba colocado en el jardín derecho, detrás de la línea de *foul*, y lanzaba pelotas muy altas, con la trayectoria de un arco, hacia un segundo grupo de jóvenes. Después de unos cuarenta y cinco minutos, el grupo que estaba en el jardín llegó a la banca, bateó y en seguida tomó posiciones en el diamante, mientras aquellos que habían bateado y jugado en el diamante se movieron hacia el jardín. Mientras todo ese caos organizado se llevaba a cabo en el campo, otro grupo pequeño se reunió detrás del *dugout* de primera base, donde había una partida de lanzamiento, y lanzaron la pelota a los candidatos para *catchers* durante más de media hora, en tanto que los cuatro *managers* observaban con atención. Con frecuencia, a petición de un *manager* o de un entrenador, otro joven atleta era llamado del jardín y se le pedía que lanzara la pelota durante varios minutos, poniendo especial atención en el control, esto es, en cuántos lanzamientos llegaban cerca o por encima de la base.

No fue sino hasta poco antes del mediodía cuando tuve oportunidad de platicar con Bill. Se acercó a mí balanceando un bate, como lo haría con un palo de golf, y dijo:

—Y bien, capitán, ¿qué opinas?

Le entregué mi tablilla con sujetador.

—Es muy difícil en realidad evaluar a todos estos niños en sólo un par de horas —le dije—, pero ensayé clasificándolos numéricamente, del diez al uno, además de anotar algunos comentarios para ayudarme a recordar a algunos de ellos el lunes por la noche, durante la selección.

Estudió mi tablilla durante varios minutos, asintió y me la devolvió.

–John, no necesitas mi consejo. ¿Qué hiciste respecto a los lanzadores?

Le entregué de nuevo la tablilla.

–Marqué al mejor prospecto de lanzamiento P-1, al siguiente P-2, y así sucesivamente, aunque, por supuesto, todo dependerá de la selección. El que sea seleccionado primero sin duda ocupará mi P-1, pues será muy destacado.

–Tienes toda la razón –asintió Bill–. Todd Stevenson no sólo fue el mejor lanzador de la liga el año pasado, a la edad de once años, sino que también bateó más de cuatrocientos, metió cinco o seis jonrones y jugó en primera base cuando no lanzó. Fue muy especial. ¿No dijiste que clasificabas a los niños del diez al uno?

–Sí.

–Sin embargo, no hay nada anotado junto al nombre de este niño –comentó y me regresó la tablilla.

–Lo sé. Es el número 36. Dios lo ayude, pues es tan pequeño, lento y le falta tanta coordinación que... no supe cómo clasificarlo. No obstante, nunca se dio por vencido, nunca dejó de correr, y nunca pareció deprimirse después de fallar en el bateo una y otra vez. ¿Lo conoces?

Bill se inclinó hacia la tablilla y miró de soslayo.

–Timothy Noble. No. Debe ser una familia nueva en la ciudad.

Señalé hacia el grupo en el jardín central, que todavía se turnaba para atrapar las pelotas que bateaba un entrenador.

–El tercero desde la izquierda, Bill. Es el de los pantalones bombachos. Míralo. Tu lista indica que tiene once años de edad, pero debe ser el jugador más pequeño en el campo.

Mientras hablábamos, el niño pequeño se alejó de los otros jugadores, quienes se volvieron y observaron, al tiempo que se daban codazos y reían disimuladamente. Resultaba obvio que la siguiente bola que batearían, debería atraparla él. Se inclinó hacia adelante, flexionó las rodillas y con el puño derecho golpeó su guante una y otra vez.

—¡Dios mío! —exclamé casi en voz alta.

—¿Qué sucede... qué es lo que me pierdo? —preguntó Bill, mientras miraba alrededor del jardín.

—Nada... nada.

¿Cómo podía decirle que Timothy Noble, no mucho más grande que mi adorado hijo de siete años, desde lejos se parecía a Rick al ponerse en cuclillas e inclinarse hacia adelante sobre las puntas de los pies... esperando. El entrenador movió su bate y lanzó una bola con la trayectoria de un arco hacia Timothy, quien giró con impotencia debajo de la pelota, moviendo los dos brazos hacia el cielo. Cuando la bola descendió, primero se volvió hacia su izquierda, después hacia su derecha y empezó a correr, pero, de alguna manera sus pies se enredaron y cayó de cabeza sobre el césped, mientras el grupo cercano de jugadores se acercaba entre sí, casi apiñándose, y varios niños colocaban las manos sobre sus bocas tratando de controlar la risa.

Unos minutos después, el niño fracasó una vez más al atrapar una bola que le lanzaron, la cual cayó a unos metros de distancia. Corrió hacia la pelota, la recogió y lanzó hacia el bateador. La pelota cayó a no más de doce metros de donde Timothy estaba de pie, y los otros jugadores se alejaron sonriendo. Timothy frotó un momento el dorso de su mano derecha contra los ojos.

—Con seguridad es pequeño —opinó Bill—. ¿Cuántos años dijiste que tenía, de acuerdo a la lista?

—Once.

—Va a ser un desafió para el *manager* y para el equipo que le toque —Bill suspiró—. Es probable que sea uno de los últimos chicos que seleccionen. Sin embargo, de acuerdo a las reglas, tendrá que jugar en cada juego al menos seis rondas defensivas, y batear al menos una vez por juego. Me temo que cualquier bola bateada en su dirección, en cualquier posición que ocupe, incluso en dos entradas, resultará muy costosa.

Levantamos la mirada y vimos que Timothy Noble se movía de nuevo. En esta ocasión dejó atrás una bola alta y lenta que cayó detrás de él. Al tratar de detenerse de pronto, sus zapatos gastados resbalaron en el césped y cayó sobre su costado. No obstante, se levantó de un salto con rapidez, sacudió la hierba de su playera, tiró con firmeza de la visera de su vieja gorra de béisbol, recuperó la pelota, caminó hacia el entrenador que la había bateado y la lanzó con tanto esfuerzo que cayó hacia atrás. La pelota, después de completar un arco pequeño en el aire, rodó por el césped, hasta que al fin se detuvo a los pies del bateador. Aquellos que miraban aclamaron en voz alta, mientras aplaudían con burla. Timothy Noble se volvió, enfrentó a los burlones y tocó su gorra.

—Míralo Bill —dije con voz suave—. El chico sonríe.

VI

❀❀❀

*E*l sábado por la tarde, o lo que quedaba del día después que terminaron las pruebas, lo pasé detrás de mi casa, en la plataforma, leyendo una y otra vez, y subrayando con amarillo brillante muchos párrafos del *Reglamento oficial y reglas de juego de la Liga Infantil de béisbol.*

Poco después de haber empezado a revisar por segunda vez las 64 páginas de reglas, leí un escrito pequeño, redactado por el presidente de la Liga Infantil de béisbol, en el cual presentaba en forma breve las cualidades de liderazgo por las cuales debería ser evaluado cualquier manager local. Muchas de éstas me sonaron familiares, hasta que comprendí que las características necesarias para un buen liderazgo incluían muchas de las que me esforcé por adquirir y por las cuales me regí en mi propia carrera en los negocios, eran universales, tan antiguas como el tiempo y con seguridad funcionarían para guiar con éxito a un equipo de la Liga Infantil, de la misma manera como funcionaban en cualquier sala de sesiones... compasión, comprensión, poner un buen ejemplo, cooperación, trabajo en equipo, luchar por metas comunes, alentar, elogiar y luchar siempre por mejorar. Cada una de las actividades anotadas eran en verdad vitales para un buen líder en cualquier empresa, aunque nunca esperé encontrar un consejo tan sabio y valioso en un libro de reglas de béisbol.

El revisar cientos de "debes" y "no debes" entre las páginas de las reglas de juego trajo a mi memoria mis propias experiencias en la Liga Infantil, pero se borraron con rapidez de mi mente. El mensaje breve pero potente del presidente me obligaba a mirarme con detenimiento, y a percibir la imagen lamentable que representaba. John Harding, viudo, sin familia inmediata, en la actualidad con "licencia en el trabajo", desalentado, a la deriva, suicida en potencia. ¿Ese John Harding debería dirigir un equipo de la Liga Infantil? ¡Nunca! Lo que estaba a punto de hacer era tonto e irresponsable, y esos chicos fabulosos que esa mañana vi que ponían tanto interés merecían con seguridad alguna persona mejor que yo. ¿Cómo podría animarlos? ¿Cuánta comprensión y compasión tenía para ofrecer? ¿Cómo podría hacer algún intento para comprender su vida familiar, si luchaba para enfrentar el hecho sombrío de que no tenía ya vida familiar propia? ¿Cómo podría darles un buen ejemplo, llenarlos de entusiasmo y deseo, enseñarlos a pensar en forma positiva... y nunca darse por vencidos... ¡nunca darse por vencidos!... cuando yo, su entrenador, su líder, estaba dispuesto a abandonar el juego principal de todos, la vida... y en realidad no me importaba si vivía para ver salir el sol de nuevo? Esta situación era en realidad culpa mía. En mi estado de depresión me dejé convencer por Bill West porque él siempre fue un amigo especial, mas no era justo para esos niños pequeños e impresionables, en una edad en la que ya tenían suficientes problemas. ¡No era justo! Sin embargo, todavía tenía tiempo para retroceder. Entonces recordé que Sally siempre había actuado como mi manager cuando enfrentaba situaciones en el mundo de los negocios, las cuales no creía poder manejar y no quería enfrentar. Tomaba mi rostro entre las palmas de sus manos, me miraba directamente a los ojos y decía: "Amor, nunca he visto que algo o alguien te derrote y nunca te he visto darte por vencido. Puedes manejar este problema de la misma manera como has manejado todos los otros. Sólo sé tú mismo y todo saldrá bien".

Guardé el libro de reglas en mi bolsillo posterior y abrí la puerta de cristal que conducía a la sala. Después de cruzar con lentitud la habitación, me detuve como a un metro de la chimenea, me incliné hacia adelante y extendí los brazos, hasta que las dos manos asieron con fuerza la repisa de madera. Fijé la mirada en el piso de la chimenea. A mi derecha estaba una cubeta chica de cobre, llena con leña y un periódico viejo doblado, y junto a ésta estaba un portaleños de latón con muchos leños de arce apilados. Sally insistió en que en realidad no podíamos afirmar ser residentes oficales de nuestra casa nueva hasta haberla bautizado con nuestra primera fogata en la chimenea, por lo que con rapidez localizó donde comprar leños y pidió que se los llevaran y colocaran a lo largo de una pared de la cochera. Recuerdo con mucha claridad aquella noche fría de marzo, cuando llegué a casa tarde, después de un día muy pesado en Millennium, y encontré el fuego encendido en la chimenea, así como una esposa orgullosa que esperaba con ansiedad mi reacción. Con sus manos pequeñas unidas con fuerza, como si suplicara piedad, y sus ojos azules muy abiertos, preguntó con ansiedad:

—¿Cómo lo hice?

—Acabas de conseguirte otra tarea, mujer, en especial en la mañana de Navidad —recuerdo haber dicho.

Rick ya estaba en la cama, y por lo tanto sólo nosotros dos nos sentamos en el sofá, muy juntos, tomados de las manos, con las cabezas juntas y observamos con satisfacción las llamas de color dorado y carmesí...

Me aparté de la repisa de la chimenea, me volví y miré el sofá vacío; me sentí muy perdido y solo. En seguida retiré las pantallas de malla negra que cubrían el hogar de la chimenea, introduje la mano hacia arriba y abrí el regulador de tiro; en unos minutos ardió el fuego. Después de colocar los leños sobre el fuego, hasta la parte superior de los soportes, cerré las pantallas de malla y me senté en el sofá... sólo que ahora estaba a principios de junio y no tenía a Sally para abrazarla...

En los últimos veinte años los distritos escolares consolidados, cada uno compuesto por estudiantes de los pueblos chicos cercanos, se habían convertido en una práctica general en todo New Hampshire, por motivos del presupuesto municipal; sin embargo, el municipio tan independiente de Boland había permanecido autónomo, con su propio sistema escolar. Por lo tanto, cuando Bill West condujo hacia el interior del estacionamiento de la Escuela de Segunda Enseñanza de Boland, el lunes por la tarde, fue otro viaje de regreso en el tiempo. Empezaba a oscurecer, mas pude ver que el exterior de ladrillos rojos del edificio de un piso tenía casi la misma apariencia que cuando me gradué en 1967. Ya en el interior caminamos por un corredor con baldosas pulidas. Las paredes, de donde colgaban varias pizarras llenas con avisos y trabajos artísticos de los estudiantes, estaban pintadas del familiar color crema. Me detuve junto a una de las puertas sobre la cual estaba pintado un número cuatro dorado en la parte superior del cristal esmerilado. Bill se volvió y me observó, hasta que señalé hacia la puerta y expliqué.

–Era mi sala de juntas durante el último año. ¿Está bien si miro el interior?

–No veo por qué no.

La puerta estaba cerrada con llave.

Continuamos por el pasillo y entramos en la sala número ocho, donde se llevaría a cabo la selección. Stewart Rand y Nancy McLaren se encontraban de pie cerca del escritorio del maestro. Detrás de ellos, en el pizarrón grande, estaban anotados los nombres de todos los jugadores que participaron en las pruebas del sábado por la mañana.

–Buenos días, señores –dijo Stewart–. Por favor tomen asiento en cualquier parte y estaremos listos para empezar en unos minutos. Gracias.

Primero seguí a Bill cuando recorrió los pasillos

y estrechó las manos de sus viejos amigos. Aunque había conocido a todos durante las pruebas, fui presentado una vez más a los otros *managers* y entrenadores de los equipos. Encontramos dos asientos desocupados cerca del frente y con esfuerzo nos sentamos detrás de dos pupitres chicos.

–Creo que ambos hemos crecido un poco desde finales de la década de los sesenta –bromeó Bill, mientras daba golpecitos a su estómago. Stewart Rand empezó a golpear el costado de un vaso con una regla y toda la charla y risas cesaron en forma gradual.

–Muy bien, antes que iniciemos la selección de este año, permitan que con rapidez repase algunos puntos. El hecho de que un jugador haya estado el año pasado en un equipo particular no lo coloca en forma automática en ese mismo equipo este año. No habrá permanencia de jugadores en los equipos. Todos los jugadores serán colocados por ustedes en el equipo en el que competirán esta temporada. ¿Quedó entendido?

Rand miró alrededor del salón, hasta que varias cabezas asintieron.

–Me preguntaron por qué no hay chicas en nuestra liga. Por supuesto, tienen derecho a participar tanto como los niños, y lo han hecho muchas veces en años pasados. No obstante, el programa de *sóftbol* para niñas en esta ciudad, para los grupos de todas las edades, ha adquirido tanta popularidad que en apariencia, las jovencitas parecen haber elegido competir en su propia liga, y este año, por primera vez en varios años, nuestros equipos sólo estarán integrados por niños.

–Ahora... antes que iniciemos nuestro proceso de

selección, pido un favor pequeño. Por favor, cada uno de los *managers* deberá ponerse de pie, presentarse, nombrar a su equipo y decirnos en unas cuantas frases lo que espera lograr este año.

Rand esperó con paciencia hasta que un hombre musculoso que vestía una camiseta de los Yanquis de Nueva York se puso de pie y dijo:

—Mi nombre es Sid Marx, y tengo entendido que dirigiré a los Yanquis con la ayuda de este buen hombre sentado a mi derecha, Don Pope. Este será mi tercer año como *manager* y me siento honrado de tener a estos niños bajo mi cuidado. Mi esperanza y plegaria fervientes es que Don y yo podamos enseñarles algunos de los muchos valores que necesitarán para vivir una vida llena de éxito... y más importante, de paz y satisfacción.

Un hombre con cabello gris y con un traje formal de buen corte, se puso de pie.

—Mi nombre es Walter Hutchinson —dijo él—, y dirigiré a los Cachorros, junto con el entrenador Alan LaMare, quien no pudo asistir esta noche debido a negocios. Este es mi segundo año en la liga, y aunque deseo mejorar el último lugar en el que quedé el año pasado, comprendo que hay otras metas en nuestro programa, aparte de sólo ganar partidos de béisbol. Sé demasiado bien, debido a mis propias experiencias en la vida, que el participar en la Liga Infantil puede ser una base de entrenamiento maravillosa para formar el carácter de nuestros jóvenes.

—Mi nombre es Anthony Piso —dijo un hombre bajo y rechoncho, que estaba sentado frente a mí—. Es probable que yo sea el único abuelo que dirige un equipo de la Liga Infantil en todo New Hampshire, pero este año los Piratas serán dirigidos por mí y por este hombre que está aquí, Jerry White. He sido directivo durante seis años, y durante los primeros tres años de esos seis, mi nieto, quien ahora vive en Arizona, estuvo en el equipo. Él fue quien me metió en esto. Durante mis años como directivo he ganado dos campeonatos y anhelo formar otro equipo bueno, que quizá sea el último para mí, ya que mi médico no cree que el entusiasmarme de la forma como lo hago durante los juegos le haga bien a mi condición cardíaca. Al final de esta temporada, espero partir con la cabeza en alto, pero más importante aún, quiero contribuir una vez más a ayudar a que una docena de niños dé otro paso en la dirección correcta, en este camino difícil llamado vida.

Hubo un aplauso ligero mientras Piso se sentó y sonrió.

—Exactamente como un político —comentó alguien detrás de mí, en voz alta, y todos se volvieron hacia el hombre mayor y sonrieron. Perplejo, miré a Bill.

—Tony es el tesorero de la ciudad de Boland, John. Lo ha sido durante más de veinte años, supongo. Ahora es tu turno, compañero.

Me puse de pie e inhalé profundo.

—Mi nombre es John Harding —dije—, y dirigiré a los Ángeles, con mucha ayuda de parte de mi amigo Bill West. Me siento muy honrado de ser parte de la Liga Infantil de Boland una vez más, después de tantos años, y en verdad aprecio la oportunidad que todos ustedes me dieron para enseñar y trabajar con estos chicos buenos. Comprendo muy bien que tengo mucho que aprender sobre este importante puesto, y espero poder contar con el consejo de todos ustedes cuando lo busque. Las vidas preciosas que nos han sido confiadas merecen toda la oportunidad para desarrollar su potencial al máximo. Me siento honrado de formar parte de este programa.

Stewart Rand sonrió un poco y asintió en dirección a mí.

—Caballeros, gracias —dijo Stewart—. ¡Y ahora... el gran momento! Las reglas que rigen nuestro proceso de selección de jugadores son bastante sencillas. Cada uno de los cuatro *managers* sacará un número de mi vieja gorra de béisbol. El directivo que saque el número uno seleccionará primero, el que tenga el número dos elegirá en segundo lugar, y así sucesivamente, hasta que elijan los cuatro *managers*. Entonces, para que las cosas continúen siendo justas y para igualar el talento entre los cuatro equipos, elegiremos en orden contrario en la segunda ronda. El directivo que seleccione en cuarto lugar durante la primera ronda elegirá primero, el que escogió en tercer lugar lo hará ahora en el segundo y así sucesivamente. Como hay cuarenta y ocho jugadores para ser elegidos, habrá un total de doce rondas. Tan pronto como hayan elegido a un jugador, Nancy les entregará una tarjeta de información con su dirección, los nombres de sus padres y el número telefónico. Desearán telefonear al jovencito para informarle en qué club jugará, y para decirle la hora y lugar del primer entrenamiento.

—Un punto final de orden. Sid y Walter tienen hijos que jugarán en nuestra liga este año. Ambos son jugadores excelentes y, por lo tanto, para apegarnos a nuestras reglas y costumbre local, serán considerados como elegidos por el equipo de su padre como parte de la segunda ronda de la selección. Creo que esto es justo para los cuatro equipos, no obstante, si alguien pone alguna objeción, vamos a escucharlo ahora.

No hubo objeciones.

—Muy bien, caballeros. Hay cuatro papeles doblados en esta gorra. Por favor, cada uno de ustedes venga hasta aquí, saque un pedacito de papel de la gorra y entréguelo a Nancy.

Yo era el último en la fila, por lo que Stewart tomó mi pedazo de papel y lo entregó a Nancy. Yo regresé a mi asiento. Ella desdobló los cuatro pedazos de papel, hizo anotaciones en su libreta legal y la entregó a Stewart.

—Caballeros, aquí está el orden en el cual seleccionarán. ¡Suerte de principiante! John Harding, de los Ángeles, seleccionará primero; Sid Marx, de los Yanquis, en segundo lugar; Walter Hutchinson, de los Cachorros, en tercer lugar, y... lo lamento, Tony, Anthony Piso, de los Piratas, elegirá en cuarto lugar. ¿Estás preparado para elegir a tu primer Ángel, John?

—Lo estoy. Los Ángeles eligen a Todd Stevenson.

Sonidos de lamentos y quejidos llenaron el salón. Sid Marx se volvió y sonrió en mi dirección.

—Todd lanzará una semana y les ganará a todos, por lo que ya tienes seis victorias en la bolsa. Gana sólo tres de los otros seis juegos y tendrás el campeonato.

—Sid... Sid... si sólo fuera tan fácil —Bill suspiró.

—Lo sé, sólo bromeo, John.

La selección completa tomó casi dos horas. Con mucha frecuencia, los entrenadores y los *managers* revisaban una y otra vez sus notas y en varias ocasiones salieron al corredor para conferenciar en privado. Desde el principio fue evidente que esos hombres estaban en verdad familiarizados con el talento disponible. Por fortuna yo tenía a Bill West y dependí mucho de su juicio a través de las rondas de la selección.

Al fin, llegamos a la última ronda de la selección, y sólo quedaban cuatro candidatos que no habían sido elegidos. Se habían trazado líneas gruesas encima de todos los otros nombres que aparecían en el pizarrón, así como en cada lista de jugadores de los *managers* y entrenadores. Bill se inclinó hacia mí, extendió una mano hacia mi lista y señaló uno de los nombres que todavía no estaba tachado, Timothy Noble. Lo miré. Él sacudía la cabeza de un lado al otro. Los once jugadores que habíamos seleccionado hasta el momento parecían formar un grupo bien balanceado. Estaba contento con nuestro equipo, al menos, sobre el papel. Ahora, sólo una selección más.

No tomó mucho tiempo. Piso, Hutchinson y Marx tenían que elegir antes que nosotros; y después que seleccionaron sólo quedaba un nombre en el pizarrón que no estuviera tachado por una línea blanca de gis.

Timothy Noble se convirtió en mi último... en mi doceavo Ángel.

VII

❀❀❀

$\mathcal{D}$urante las tres semanas siguientes cada uno de los cuatro equipos de nuestra liga practicó dos tardes a la semana, por lo general de cuatro a seis. Una sesión de práctica semanal para cada equipo, de acuerdo al horario que Nancy distribuyera después de la selección del lunes por la noche, se llevaba a cabo en el Parque de la Liga Infantil de Boland, y la otra se hacía en un campo más chico detrás del parque, propiedad del municipio y mantenido por éste. Era un diamante de béisbol más pequeño, adyacente al campo de juego, donde había columpios, cajones de arena, balancines y varios campos en forma de herradura, para los chicos mayores.

Después de nuestras semanas de práctica se iniciaría la temporada oficial. Cada equipo estaba programado para jugar doce juegos, dos juegos a la semana durante seis semanas, con cuatro juegos jugados contra cada uno de los otros tres equipos. Todos los juegos se jugarían en el Parque de la Liga Infantil los días lunes, martes, miércoles y jueves por la tarde, comenzando a las cinco. Si algún juego se interrumpía sería programado de nuevo para el viernes por la tarde o el sábado por la mañana. En realidad, dos juegos pospuestos podrían jugarse el sábado, si fuera necesario. Después de que cada equipo completara su programa de doce juegos, los dos con el mejor récord jugarían un juego por el campeonato de la liga.

Camino a casa después de la selección, Bill West se ofreció a telefonear a los jugadores que habíamos seleccionado para informarles que nuestra primera práctica sería en el Parque de la Liga Infantil, el martes siguiente por la tarde a las cuatro. Sin embargo, le dije que si yo iba a dirigir el equipo entonces creía que era mi obligación telefonearles. Pareció sorprendido, después contento, y luego sonrió y asintió.

El jueves por la tarde, poco después de las siete, me senté ante mi escritorio en el estudio para notificar a doce jóvenes que ahora eran Ángeles. Al revisar las tarjetas individuales de los jugadores que Nancy nos entregó después de cada una de nuestras selecciones, así como al leer los nombres en nuestro registro, uno tras otro, pensé que no sólo habíamos reclutado para la Liga Infantil, sino también para una pequeña Liga de Naciones: Todd Stevenson, John Kimball, Anthony Zullo, Paul Taylor, Charles Barrio, Justin Nurnberg, Robert Murphy, Ben Rogers, Chris Lang, Jeff Gaston, Dick Andros y Timothy Noble.

Bill West se despidió con una amable advertencia cuando me fue a dejar después de la selección del lunes. La mayoría de los chicos estaban familiarizados con él, con los otros tres *managers* y con cada entrenador; sin embargo, yo era un extraño en la ciudad, un factor desconocido que podría ocasionar cierta intranquilidad e inseguridad a nuestros jugadores, al menos al principio. Fue una observación sabia y le di las gracias. Antes de hacer alguna llamada telefónica hice algunas anotaciones en una libreta reglamentaria y resumí un procedimiento para seguirlo al hablar por teléfono, así como algunas palabras clave que utilizaría. Al marcar el número telefónico de cada jugador pediría hablar con él después de identificarme, sin importar quién contestara el teléfono. En seguida, le daría al niño la bienvenida al equipo de los Ángeles, le diría que había sido seleccionado porque era un buen jugador de béisbol y que nuestra primera práctica estaba programada para el martes siguiente a las cuatro. Luego, preguntaría si el niño tenía quien lo llevara al parque y lo recogiera a las seis, después de cada práctica. Descubrí que muchos de ellos se transportaban bastante bien por Boland en sus bicicletas. Había olvidado lo independientes que son siempre los niños del campo. Después de charlar con el jugador pediría hablar con su padre, me presentaría al caballero, le diría que me sentía orgulloso de tener a su hijo en mi equipo y le pediría que me llamara a la casa, en cualquier momento, si había algo que deseara discutir referente a su hijo durante la temporada. Terminaría mencionando que anhelaba conocer pronto a cada uno de los padres en alguna de las prácticas o juegos y que agradecería su apoyo. Si el padre no se encontraba en

77

casa cuando yo llamara sostendría una charla similar con la madre del niño. Mi última llamada telefónica fue para el pequeño Timothy Noble.

–¿Timothy Noble?

–Sí.

–Timothy, soy John Harding, el entrenador de los Ángeles de la Liga Infantil. Llamo para decirte que jugarás con los Ángeles este año.

–¡Muy bien!

–La primera práctica será el próximo martes a las cuatro, en el parque de la Liga Infantil. ¿Puedes asistir?

–¡Sí, señor! ¡Allí estaré!

–¿Habrá quien te lleve al campo y después a casa? El entrenamiento terminará a las seis, siempre.

–Tengo una bicicleta, señor. Allí estaré. Señor Harding, ¿podría decirme por favor algunos de los nombres de los otros niños del equipo?

–Seguro. Todd Stevenson, Paul Taylor, John Kimball, Anthony Zullo... ¿Conoces a alguno de estos niños?

–¿Jugaré con ellos? ¡Vaya! Todos son fabulosos. ¡Tendremos un buen equipo, un super equipo!

–Cuento contigo para que hagas tu parte, Timothy. ¿Está tu papá por allí? Me gustaría hablar con él, si puedo.

La voz animada del pequeño descendió de inmediato varias octavas y respondió con rapidez, con una monotonía ronca y apagada, sin ninguna emoción.

–Mi papá vive en California.

Me atrapó desprevenido y dudé. ¿Cómo responder?

—Oh... bueno, ¿podría hablar con tu madre? —pregunté sin convicción.

—Todavía no llega a casa después del trabajo.

Miré mi reloj, eran las siete y cuarenta exactamente.

—Oh. Ah... bueno, Timothy, te veremos el martes por la tarde.

—Sí, señor. Y... ¿señor Harding?

—Sí.

—Muchas gracias por elegirme. Me esforzaré por hacerlo bien para usted.

Colgué despacio. Mi corazón latía con fuerza de pronto. Mientras hablaba con Timothy volví la cabeza hacia la izquierda. Entre un conjunto de fotografías familiares enmarcadas que colgaban en la pared más cercana a mí, había una ampliación a color de mi Rick, quien llevaba puesta una gorra de béisbol ligeramente grande. Miraba fijamente a la cámara mientras permanecía en cuclillas amenazadoramente, con su bate de aluminio de béisbol levantado detrás de su hombro derecho. Me puse de pie, caminé despacio y salí de la habitación hacia la terraza. Me senté con debilidad en la mecedora y permanecí allí, con la mirada fija en el bosque distante hasta mucho tiempo después que oscureció.

Fueron siete días tortuosamente largos esperar el primer entrenamiento programado del equipo. Trabajé mucho para tratar de llenar cada momento que permanecía despierto con alguna actividad, ya fuera corporal, mental o ambas, para no tropezar y caer en ese pozo de desesperación siempre cercano. Me obligué a levantarme de la cama a las siete cada mañana y después del desayuno salía a dar una larga caminata por el bosque detrás de la casa. Después, tomaba mi bolsa roja de pelotas de golf para práctica y mis palos cortos, para lanzar tiro tras tiro, de un hoyo a otro, en nuestro patio trasero. Después que oscurecía corría quizá durante una hora, regresaba, tomaba una ducha y me ponía el piyama y la bata. En seguida, me sentaba ante la mesa de la cocina a pesar de que había sillas mucho más cómodas en otras habitaciones, para tratar de leer. Durante los años de lucha para remontar escaleras corporativas había adquirido una colección grande de algunos de los mejores libros en el mundo de autoayuda y motivación, para ayudarme en mi escalada; clásicos tales como *As a Man Thinketh*, de Allen; *Think and Grow Rich* (Piense y hágase rico), de Hill; *The Power of Positive Thinking* (Poder del pensamiento tenaz), de Peale; *Success Through a Positive Mental Attitude*, de Stone y *I Dare Your*, de Danforth. Ahora pasaba incontables horas cada noche revisando estos y muchos otros libros, con la esperanza de encontrar palabras de sabiduría o consuelo especiales que pudieran ayudarme a soportar la pena de mi pérdida. En una antología de proverbios sabios del siglo diecinueve, empastada en piel, al fin encontré algunas preciosas palabras de consuelo de Benjamín Franklin y de Antifón, un dramaturgo griego del siglo cuarto antes de Cristo.

En el funeral de un compañero íntimo, Franklin dijo a los dolientes: "Somos espíritus. Nuestro amigo, así como todos nosotros hemos sido invitados al extranjero a una fiesta de placer que durará por siempre. Su asiento estuvo listo primero y por lo tanto él partió antes que nosotros. Convenientemente, no podríamos partir todos juntos. Ustedes y yo no debemos sufrir por esto, puesto que pronto lo seguiremos y sabemos dónde encontrarlo".

En forma sorprendente, hace más de dos mil años, Antifón escribió: "No sufran en exceso por los seres amados muertos. No están muertos, sino que sólo terminaron el viaje que es necesario que todos nosotros hagamos. Nosotros debemos ir a ese gran lugar de recepción en el que todos ellos están reunidos y, en este encuentro general de la humanidad, vivir juntos en otro estado de ser".

Recordé una vez más el consejo similar de mi madre a aquellos que sufrían la pérdida de un ser amado. Aceptar el consejo sin importar quien lo diera requería de mucha fe. ¡Dios, cómo deseaba creer en sus palabras!

Durante esa larga semana de espera reanudé otras dos actividades comunes de la vida: responder el teléfono y conducir un automóvil. No sé lo que me hizo contestar el teléfono el miércoles por la mañana para escuchar la voz sorprendida de Bill al otro lado de la línea. Después de eso él llamó cada mañana sólo para ver cómo estaba yo. Respecto a conducir, no iba a ningún sitio en particular, sólo saqué mi auto de la cochera una tarde y conduje por los caminos no principales de New Hampshire durante un par de horas. Sin embargo, a pesar de todos mis esfuerzos, todavía entraba en el estudio al menos una vez al día, abría el último cajón de mi escritorio y observaba la pistola. En una ocasión la tomé y la sostuve en las manos por unos minutos. El arma mortal se sentía muy fría, casi como si hubiera estado guardada en hielo.

A pesar de que llegué temprano al estacionamiento de la Liga Infantil de Boland para nuestra primera sesión de práctica, Bill West ya estaba allí y sacaba de la cajuela de su coche dos bolsas grandes de lona. Una de éstas contenía el equipo del receptor, así como cajas con pelotas de béisbol, y la otra estaba llena con cascos de bateador y bates.

–Permite que te dé una mano –grité. Me acerqué a Bill por detrás y cargué una de las bolsas. Cruzamos juntos la abertura de la cerca y nos dirigimos al *dugout* más cercano, detrás de la primera base. Los jugadores que habían llegado temprano corrieron hacia nosotros, mientras en el estacionamiento varias puertas de coches se cerraron con fuerza cuando las madres dejaban allí a sus esperanzados atletas.

Bill entregó algunas pelotas de béisbol y sugirió que los niños formaran parejas y empezaran el calentamiento. Algunos vestían pantalones de mezclilla y playeras y otros llevaban la ropa de béisbol del año anterior, que ahora les quedaba ceñida. Algunos llevaban zapatos de béisbol y otros usaban tenis altos y bajos. Pronto tuvimos dos filas de seis jugadores que lanzaban pelotas, algunos estaban muy serios y evidentemente nerviosos, en cambio otros reían y estaban relajados. Bill y yo caminamos en forma casual detrás de la primera hilera de seis jugadores y después detrás de la otra para presentarnos a cada niño. Al estrecharles la mano, le dijimos a cada niño que yo era John Harding y él era Bill West. Podrían utilizar la palabra *entrenador* con ambos, si no querían llamarnos por el nombre e indicamos que no era necesario llamarnos "señor". También, al charlar con cada Ángel nuevo le preguntamos la posición que le gustaba jugar y si había participado en la Liga Infantil el año anterior. Pudimos notar que todos los jugadores empezaban a relajarse en forma gradual y las sonrisas se multiplicaron.

Para mí fue sorprendente lo mucho que logramos durante esa primera práctica. Bill West envió grupos a las posiciones de *shortstop* y segunda base y bateó varias bolas a cada jugador, el cual tenía que atrapar la pelota y lanzarla a primera base, donde había dos candidatos para esa posición. Yo estuve de pie en el jardín derecho y observé cómo se movían y reaccionaban los jugadores ante los tiros certeros de Bill. Dos de ellos, Anthony Zullo y Paul Taylor, atrapaban la pelota a la perfección y la lanzaban a primera base con buena precisión. El niño Taylor, con una playera apretada, tenía un torso grande, el cual con seguridad le tomó mucho tiempo y esfuerzo desarrollar.

Repetimos el mismo procedimiento con nuestros candidatos del jardín, lanzando varias bolas bajas y bolas curvas a cada uno de ellos. También hicimos que lanzaran las pelotas que atrapaban a nuestro único candidato para *catcher*, John Kimball, para buscar brazos fuertes que pudieran ser convertidos en uno o dos lanzadores más. Dos jugadores, Charles Barrio y Justin Nurnberg parecían muy rápidos y competentes y podían lanzar.

Finalmente Bill bateó tres bolas curvas al pequeño Timothy Noble. Dos no pudo atraparlas y la tercera rebotó en su guante y rodó detrás de él. La bola baja que le lanzaron pasó entre sus piernas abiertas.

En nuestra segunda sesión de entrenamiento, el jueves, comenzamos colocando un equipo tentativo en el campo basados en nuestras observaciones de la primera práctica. Bill bateaba bolas bajas y curvas a cada posición, mientras yo hacía un recorrido y daba sugerencias sobre la mejor manera de atrapar una bola curva, cómo colocarse para recibir mejor una bola baja y, lo más importante, cómo lanzar en forma adecuada una pelota de béisbol. Quedé muy impresionado con nuestro *catcher* bajo y musculoso, John Kimball, quien ya tenía dos años en la Liga Infantil y un cañón por brazo. Cualquier equipo de béisbol, aficionado o profesional, juega en terrible desventaja sin un buen *catcher*. Fuimos muy afortunados al tener a Kimball.

Durante nuestro tercer entrenamiento, en el otro campo de béisbol detrás del parque de la Liga Infantil, nos concentramos en batear. Bateé tanto que mi brazo empezó a temblar mientras Bill hacía anotaciones en su tablilla. Ambos detuvimos con frecuencia el juego para corregir la postura al batear, los pasos y las bateadas. No había duda de que Todd Stevenson, nuestro *pitcher* estrella, era también nuestro mejor bateador. Envió varios de mis lanzamientos fuera del parque y era una alegría observar su bateada zurda. Nuestro *catcher*, Kimball, a quien los jugadores ya habían puesto el apodo de Tank, también bateaba bien, al igual que Paul Taylor y un niño alto, Justin Nurnberg, quien parecía que sería nuestro jugador de primera base durante los juegos en que lanzaba Todd. Entonces, cuando alguien más lanzara, pondríamos a Todd en primera base, para tener así todavía su potente bate en la alineación. Era probable que moviéramos a Justin al jardín, aunque era mejor jugador de primera base.

Ocho jugadores parecían competidores seguros, incluso sólo después de la tercera sesión de entrenamiento. Stevenson, Kimball, Zullo, Taylor, Nurnberg, Barrio, Murphy y un gran jardinero pero bateador débil, Ben Rogers, quien era un *shortstop* innato. Otros tres jugadores, Chris Lang, Jeff Gaston y Dick Andros, mostraban buen potencial y era seguro que mejorarían con la práctica y la experiencia. También estaba Timothy Noble, quien fue el último en batear. Traté de lanzar las bolas más lentas al pequeño, pero su postura era tan torpe y su bateo tan incoherente que me sentí avergonzado por él cuando sus nuevos compañeros de equipo reían cada vez que trataba de golpear la pelota y fallaba; hasta que me volví y los miré fue cuando quedaron muy callados.

Miré mi reloj. Habíamos avisado a todos los padres, por medio de sus hijos, que el entrenamiento no duraría después de las seis de la tarde, para que la cena pudiera ser planeada de acuerdo. Faltaban cinco minutos para las seis, por lo que di varias palmadas y grité:

—Muy bien, chicos, eso es todo por hoy. Los veré a todos el jueves a las cuatro en el Campo de la Liga Infantil.

La mayoría de los niños corrieron de inmediato hacia el estacionamiento a sus bicicletas o a los coches que los esperaban para llevarlos a casa. Sin embargo, Timothy se encontraba todavía de pie en la base; parecía muy preocupado y balanceaba hacia adelante y hacia atrás el bate que tenía en las manos. Miré hacia el *dugout* donde Bill guardaba los bates y cascos en una de las bolsas de lona. No había nadie más en el diamante cuando caminé despacio hacia la base.

—Timothy, ¿podemos hablar un minuto? —le di

–Seguro –respondió con voz un poco temblorosa.

–Timothy –le dije–, pienso que si trabajas muy duro y dedicas tiempo extra y practicas, podrías llegar a ser un buen jugador. Mientras más practicamos algo, mejor lo hacemos. Es un poco difícil trabajar con un solo jugador más tiempo, cuando todos los chicos están aquí, pero creo poder ayudarte con tu bateo y a atrapar las bolas, si me lo permites. Dime, ¿te gustaría pasar media hora extra, después del entrenamiento, sólo conmigo, para concentrarnos en algunos puntos básicos? Sé que con un poco de trabajo podemos mejorar en verdad ese bateo tuyo. Tal vez pueda darte algunas indicaciones que te ayuden a dominar las bolas curvas y las bajas con mayor facilidad. Tenemos tres entrenamientos más antes que empiecen los juegos. ¿Qué dices?

Yo estaba en cuclillas para que al hablar nuestros ojos estuvieran al mismo nivel y por un momento breve, cuando él dio medio paso hacia adelante, pensé que el pequeño iba a arrojarse en mis brazos.

–Eso me gustaría mucho –aseguró él y se mordió el labio inferior.

–¿Le importaría a tu madre? Esto podría complicar un par de sus noches, pues cenarían más tarde. ¿Qué opinas?

–Estará bien. Ella trabaja en Edd's Supermarket, en Concord, y no llega a casa hasta cerca de las ocho. Trabaja de las once a las siete, de lunes a sábado.

No comprendí el motivo, pero me encontré controlando las lágrimas.

–De acuerdo, Timothy, lo haremos. ¿Qué tal esta noche? ¿Quieres empezar ahora?

Sus ojos de color café se abrieron mucho y por primera vez noté la hilera ligera de pecas que corría desde una mejilla hasta la otra, por encima del puente de la nariz. Él asintió con entusiasmo.

—Timothy, no tenemos que decir nada a los otros chicos. No queremos que piensen que estoy haciendo algún favoritismo, ¿de acuerdo?

Él asintió de nuevo.

Me volví hacia el *dugout*. A pesar de que Bill West estaba demasiado lejos para escucharnos, observaba y sonreía. Finalmente, antes que yo pudiera decir algo, él dijo:

—John, dejaré la bolsa con las pelotas y bates aquí. Que ustedes dos se diviertan. No creo que me necesites. Los veré a ambos el jueves.

—Buenas noches, Bill.

VIII

✿✿✿

*L*os Ángeles progresaron como equipo más de lo que Bill o yo esperábamos durante nuestras tres sesiones finales de práctica en los diez días anteriores al primer juego. Estoy seguro de que en todos los deportes, la mayoría de los entrenadores pasan la mayor parte de su tiempo concentrados en el mecanismo para jugar bien. Nuestro objetivo era enseñar los fundamentos para atrapar y lanzar la bola, batear y correr, así como las reglas del juego a jovencitos activos y vigorosos que se encuentran en una edad en la cual la concentración en cualquier tema durante más de cinco minutos por lo general es un gran logro.

Durante cada uno de los entrenamientos dedicamos la primera hora a batear y correr a las bases y la segunda hora a atrapar y lanzar la pelota, así como a revisar las reglas del juego. Desde la cuarta práctica, pedí a Todd Stevenson, Paul Taylor, Charles Barrio y Justin Nurnberg que llegaran al parque treinta minutos antes que los otros y que comenzaran a fortalecer sus brazos con los que lanzaban arrojando la pelota a Bill o a mí, para que más adelante pudiéramos evaluar su potencial. Por supuesto, Todd era sin lugar a dudas nuestro lanzador estrella, mientras los otros tres competirían para posiciones en nuestra rotación de lanzamiento. De acuerdo a Bill West, Taylor y Barrio habían lanzado al menos en un juego ganado durante su temporada anterior de juego y Nurnberg lanzaba tan fuerte que no podíamos ignorarlo.

Para las sesiones de bateo, Bill y yo dividimos el tiempo de lanzamiento lanzando tiros suaves a través de la base, mientras el otro, de pie a la derecha del bateador, hacía innumerables sugerencias y correcciones, que iban desde hacer que el chico lo intentara con otro bate, generalmente más ligero, hasta colocarlo más cerca o más lejos de la base o mostrándole cómo mover los pies con mayor suavidad al batear, en lugar de abalanzarse contra la pelota. Bill le pidió a Paul Taylor, nuestro musculoso tercera base y ahora prospecto para lanzador, que tratara de separar los pies hasta que quedaran como el ancho que tenían sus hombros. Con esta postura para batear, más cómoda y sólida, Paul, entusiasmado, empezó a batear bolas curvas y largas por encima de la cerca, en el jardín central y en el izquierdo. Ben Rogers, nuestro *shortstop* y jardinero innato, parecía dar un golpe seco a cada lanzamiento y no le daba a la pelota o la lanzaba contra el suelo. Nos sorprendió que alguien que atrabapa y lanzaba la bola con tanta gracia pareciera tan torpe cuando se trataba de batear. Trabajamos para nivelar los hombros y caderas de este tranquilo y serio muchacho antes de que bateara. Pronto, su bate hacía un contacto mucho mejor. Después de batear tres bolas curvas y largas consecutivas hacia el centro y hacia la izquierda, bateó uno de mis lanzamientos y observé que la pelota viajaba por la línea del jardín izquierdo, hasta que pasó por encima de la cerca, al menos a unos tres metros. El hosco Ben sonreía cuando pasó corriendo a mi lado, hacia el jardín.

Para lograr lo más posible en el limitado tiempo disponible, también tratamos de combinar el correr a las bases con el entrenamiento de lanzar y atrapar la pelota, haciendo hincapié una y otra vez en lo importante que era para nuestros corredores de base saber con exactitud dónde estaba la pelota en cualquier momento, puesto que deberían correr a las bases con toda la agresividad posible. También trabajamos en los fundamentos para golpear la pelota ligeramente y tomamos el tiempo a todos nuestros jugadores con un cronómetro, una y otra vez, no sólo de la base del bateador a la primera base, sino también desde la primera base a la segunda. El pequeño Tony Zullo y Todd Stevenson fácilmente eran los más rápidos, mientras que Tank Kimball, nuestro receptor, tardaba tanto tiempo para llegar de la primera a la segunda base que Bob Murphy, nuestro cómico del equipo, dijo que era demasiado lento para ser llamado Tank.

Los últimos treinta minutos de entrenamiento fueron dedicados a revisar las reglas del juego. Comprendimos que no había forma posible para cubrir todas las reglas y subcláusulas de las sesenta y cuatro páginas del *Reglamento oficial y reglas de juego de béisbol de la Liga Infantil*, pero nos concentramos en el mayor número posible y cubrimos situaciones que creíamos podrían presentarse una y otra vez, tales como por qué uno debe evitar ser golpeado por una bola baja al correr a las bases; cuándo se puede y no se puede dejar una base una vez que se ha llegado a ella a salvo y, especialmente, cuál debe ser el comportamiento con los espectadores, los jugadores contrarios y los árbitros, así como el castigo por actuar de otra manera.

Por supuesto, ahora tenía una actividad adicional para ayudar a tener mi mente y mi tiempo ocupados un poco más: las sesiones de entrenamiento, una tras otra, con Timothy Noble, después del entrenamiento regular del equipo. La tarde siguiente a nuestra tercera sesión de práctica, cuando me sorprendió y conmovió al aceptar de inmediato mi ofrecimiento de un entrenamiento adicional, primero nos sentamos los dos solos en el tranquilo *dugout* y tuvimos una charla larga.

—Dime, Timothy, ¿has jugado béisbol la mayor parte de tu vida?

Estaba sentado en la banca, bastante cerca de mí y sus piernas cortas no llegaban al suelo. Miró sus pies que colgaban, durante unos minutos, antes de negar despacio con la cabeza y responder.

—No. Mi papá estaba en el ejército y vivimos cerca de Berlín, en Alemania, durante mucho tiempo. Allí los niños jugaban soccer, pero yo no era muy bueno. No podía correr bastante rápido. Entonces regresamos a Estados Unidos el año pasado para vivir aquí en Boland, pero mi papá nos dejó muy pronto y nunca regresó, por lo que mi madre estaba triste. Después ella se divorció.

Una vez más, como en el teléfono, Timothy habló con una monotonía ronca y apagada; parecía casi un robot de juguete. *Mi padre se fue, ya se lo dije. Ahora, ya no hablemos más de eso.*

–Entonces, ¿sólo has jugado béisbol durante un año más o menos?

Asintió con vigor, apartó los mechones sueltos de cabello rubio que escaparon de su gorra vieja de béisbol y sonrió. En seguida sacó su pecho pequeño, pateó hacia adelante con las dos piernas, cerró los puños, los levantó por encima de la cabeza y gritó fuerte;

–¡Sin embargo, día a día, en todos sentidos, mejoro y mejoro!

–¿Qué dijiste? –pregunté.

–¡Día a día, en todos sentidos, mejoro y mejoro!

No podía creer lo que escuchaba. ¡Imposible! Inhalé varias veces y traté de calmarme, sin poder comprender cómo el pequeño había logrado repetir las mismas palabras poderosas que una vez tuvieron un papel muy importante en *mi* vida. Una de las mayores y más positivas influencias durante mis primeros años, cuando subía por la escalera corporativa, fue un libro pequeño escrito por un médico francés de principios de siglo, Emil Coué, titulado *El dominio de sí mismo a través de la autosugestión consciente.* Coué creía que podía ayudar a otros a librarse por sí mismos de casi todas las aflicciones, desde problemas físicos serios hasta actitudes mentales negativas, si aprendían a hacerse sugestiones positivas y saludables una y otra vez. Finalmente, Coué se convirtió en una figura de gran culto y sus conferencias atrajeron a miles de personas, tanto en Inglaterra como en Estados Unidos, a principios de este siglo. Grandes audiencias escucharon y creyeron que era posible librarse de gran cantidad de enfermedades y heridas de la vida con sólo repetirse los objetivos y deseos positivos una y otra vez. La obra de este francés quedó mejor ilustrada por su autoafirmación más famosa: "¡Día a día, en todos sentidos, mejoro y mejoro!" Millones de personas repitieron esas palabras en voz alta y para sí mismas, una y otra vez, día tras día y así lo hice yo, después de descubrirlas en un libro delgado empastado en piel negra, en una librería de segunda mano. Esa autoafirmación poderosa funcionó para mí. Principalmente, porque *creí* en las palabras. Éstas me mantuvieron optimista y esperanzado. Mi actitud mental, a pesar de cualquier revés temporal, siempre permaneció positiva. *Sabía* que las cosas mejorarían mañana. ¡Yo *era* alguien! ¡Yo *tendría* éxito! Era casi imposible tener pensamientos negativos mientras anunciaba al mundo y a mí mismo que "¡día a día, en todos sentidos, mejoro y mejoro!"

Coué y su proceso de autosugestión consciente perdieron popularidad mucho antes de la gran depresión. Tuvo varios críticos, como sucede con todos los pioneros en los campos de la medicina y la psicología. No obstante, por experiencia propia yo sabía que los pensamientos positivos programados en mi mente subconsciente a través de la autoafirmación, ya fuera repetidos en voz alta o para mí, producían resultados positivos y mi pensamiento favorito era: "¡Día a día, en todos sentidos, mejoro y mejoro!"

–Timothy –pregunté, después de que al fin cerré la boca y respiré profundo una vez más–, ¿dónde aprendiste ese refrán?

Frunció el ceño y me miró con sospecha.

—Del doctor Messenger —respondió al fin—. Es muy agradable. Es muy viejo, pero siempre nos atiende a mi mamá y a mí cuando enfermamos. Cuando lo vi la última vez, jugó a lanzar y atrapar la pelota conmigo y me dijo que si no dejaba de repetir esas palabras, muchas veces cada día, mejoraría en cualquier cosa que hiciera, incluso en jugar béisbol. El doctor Messenger es simpático. Algunas veces viene a verme practicar.

—¡Oh! ¿Estuvo aquí hoy?

—Mmj. Estaba sentado detrás de la primera base, solo. Hoy llevaba puesto un sombrero vaquero. Me saludó. Tiene barba blanca.

—¿Te ha enseñado algún otro refrán?

Timothy asintió, sacó su pecho pequeño y dijo:

—¡Nunca... nunca... nunca... nunca... nunca... nunca... te des por vencido!

Yo conocía ese refrán también. El discurso de Winston Churchill a una clase que se graduaba en Oxford. Diez palabras... diez palabras muy poderosas. En seguida, el gran hombre se alejó de su audiencia y regresó despacio a su asiento.

—¿Crees en esas palabras, Timothy, acerca de que uno nunca debe darse por vencido?

—Yo nunca me doy por vencido —dijo y asintió.

Dedicamos nuestra primera práctica a trabajar en el bateo de Timothy. Me ponía de pie cerca de él, sostenía también un bate, y le pedía que imitara mi postura y movimientos. Resultó mejor de lo que yo esperaba. Después de diez minutos más o menos empecé a lanzarle la bola mientras corregía cualquier discrepancia en su postura o en su golpe a la pelota. En poco tiempo Timothy daba pasos cortos ante mis lanzamientos con un movimiento nivelado e incluso completaba el movimiento después de golpear la pelota, manteniendo el equilibrio. Sólo le pegó a la bola algunas veces, pero pude notar que su seguridad aumentaba en forma gradual y que él parecía disfrutar nuestra rutina. Pasamos también algún tiempo practicando los golpes ligeros a la pelota y aunque tenía dificultad para girar y mantener los brazos relajados al fin logré que se agachara y doblara las rodillas, hasta que lanzó varias bolas ligeras hacia la línea de la tercera base.

Esa noche llamé por teléfono a Bill desde mi casa.

—¿Te encuentras bien? —preguntó de inmediato, sin poder ocultar su preocupación.

—Por el momento.

—¿Cómo te fue con tu pequeño Ángel?

—Bien, bien. Él mejora y mejora...

—¿Qué?

—Nada, Bill, me preguntaba, ¿conoces a un doctor Messenger en esta ciudad?

—Todos lo conocen, John. El viejo doctor Messenger ha ejercido aquí durante mucho tiempo. Era un hombre importante entre el personal de Johns Hopkins y vino a Boland después que se retiró para cosechar algunos tomates y pegarle a algunas pelotas de golf según dijo a todos. Entonces, el único médico que había en Boland se fue a Seattle y esta ciudad no tuvo a nadie que la atendiera. Por lo tanto, él decidió abandonar su retiro y ha sido el salvador de Boland desde entonces. Incluso hace visitas a domicilio a los niños y ancianos enfermos. ¿Por qué preguntas sobre él? ¿Sucede algo malo, John? ¿Necesitas un médico?

–No, no. Timothy me habló sobre el buen médico. Parece que es un hombre bastante especial. De acuerdo a lo que dice Timothy creo que ha asistido incluso a un par de nuestros entrenamientos.

–Pensé que era él el que estaba sentado arriba, atrás de la primera base, con ese sombrero viejo que tiene. No volví a pensar en eso cuando estuvimos ocupados. No imaginé que perdiera tiempo en la práctica de la Liga Infantil.

–Timothy dijo que fue a verlo a él.

–Bueno, como es probable que haya ayudado a traer a este mundo a la mayoría de nuestro equipo, así como al resto de la liga, supongo que vigila a todos ellos. ¡Es un gran hombre! Debe tener casi noventa años, pero todavía puede lanzar una pelota de golf muy lejos, créeme.

Durante nuestras últimas dos sesiones de práctica, Timothy y yo trabajamos en que atrapara y devolviera la pelota y en que corriera por las bases. Respecto a las bolsas curvas, empecé lanzándolas simplemente por el aire, entrenándolo para que mantuviera las manos arriba de la cabeza y atrapara la pelota con ambas. Después que atrapó quizá diez bolas lanzadas seguidas, tomé un bate, lo envié al centro del campo y empecé a batear bolas hacia arriba, con suavidad. Parecía tardar mucho tiempo para ver la pelota en el aire, antes de moverse hacia ésta. Me pregunté si no veía bien, pero dijo que lo habían examinado en la escuela, en mayo, y que le dijeron que su vista era normal. ¿Podrían ser quizás sus reflejos? No lo sabía. También corría sumamente despacio, ya fuera que quisiera atrapar una bola curva o cuando iba de base en base. Además, la expresión de su pequeño rostro cuando corría, siempre era de gran esfuerzo.

—¿Timothy, te duele cuando corres? —le pregunté al fin.

—No —respondió—. No dejo de tratar que mis piernas corran más rápido, pero no lo hacen. Sin embargo, lo harán, ya lo verá. Lo harán. ¡Nunca me doy por vencido... nunca! ¡Seré más veloz!

Después de terminar nuestra práctica final de pretemporada, cada jugador recibió su uniforme oficial de Ángel, gris, con la letra A en azul oscuro en el lado izquierdo de la camisa. Las gorras y calcetines también eran de color azul oscuro y cuando Bill entregó su caja a cada jugador, dijo que esperaba y oraba por haber medido a todos en forma correcta.

Yo guardaba los bates y pelotas en las bolsas de lona cuando presentí que Timothy estaba de pie cerca.

—¿Sí, Timothy?

—Señor Harding, muchas gracias por toda su ayuda. Mi madre pidió que le dijera que ella también se lo agradece. Ahora sé que soy un jugador mejor —sonrió y añadió—. Día a día... día a día...

—Buena suerte —sonreí y extendí mi mano— toda la temporada. Lo harás bien, confía en mí.

Asintió con entusiasmo. Deseé cargarlo y abrazarlo, como siempre abrazaba a Rick.

—Buenas noches, señor Harding.

—Dios te bendiga, Timothy. No lo olvides. El primer juego es el martes a las cinco, contra los Yanquis. Debes estar aquí no después de las cuatro y cuarto.

De pie, observé hasta que la bicicleta y el ciclista dieron vuelta en la esquina y desaparecieron de mi vista. Entonces regresé al *dugout* y me senté hasta mucho después que oscureció, pidiéndole a Dios fuerza para continuar...

IX
❧❧❧

No me había sentido tan nervioso desde aquel día memorable, no mucho tiempo antes, cuando me puse de pie para dirigirme a la junta directiva de Millennium Unlimited por primera vez.

Todas las actividades anteriores al juego habían sido completadas y las ceremonias de inauguración estaban a punto de terminar, cuando todos los que se encontraban en el Parque de la Liga Infantil de Boland se pusieron de pie al escuchar los acordes de nuestro himno nacional en el sistema de altavoces colocados en la parte superior de la alambrada alta.

Habían transcurrido casi treinta años desde que jugué mi último juego en la Liga Infantil, mas la rutina anterior al juego no había cambiado nada en todo ese tiempo. Las bolsas de lona de la primera, segunda y tercera bases ya estaban sujetas en su sitio en el diamante cuando Bill y yo llegamos al parque y descargamos nuestro equipo. Como éramos el equipo de casa designado para este juego de inauguración, nuestro *dugout* era el que se encontraba detrás de la tercera base.

Bill abrió nuestra bolsa de pelotas y nuestros chicos empezaron a hacer lanzamientos en la línea lateral. Sid Márx, el entrenador de los Yanquis, saludó en nuestra dirección, cruzó el diamante, nos estrechamos la mano y nos deseamos buena suerte. Cada equipo practicó en el diamante y los Yanquis fueron los primeros. Cuando llegó nuestro turno bateé tres bolas bajas fáciles a Paul Taylor, en tercera; Ben Rogers, en el lugar del *shortstop*; Tony Zullo en segunda y Justin Nurnberg en primera. Aunque era obvio que todos ellos estaban tensos, nuestro cuadro manejó sin error todas las bolas que bateé. Detrás de nuestro *dugout*, Todd Stevenson ya había empezado sus lances de calentamiento a Tank, mientras detrás del *dugout* de los Yanquis, un zurdo muy bueno llamado Glenn Gerston, que me había impresionado durante la selección de la liga casi tanto como Todd, lanzaba con fuerza. Este juego de inicio de temporada tal vez iba a ser una batalla de lanzadores con anotación baja.

Finalmente entraron dos *umpires* por la abertura de la cerca que separaba el campo del estacionamiento. Ambos vestían camisas de color azul claro abiertas por el cuello, pantalones azul oscuro y gorras de béisbol. Uno de ellos llevaba peto y careta. Cuando llegaron al *home* nos indicaron a Sid y a mí que nos reuniéramos con ellos. Después de estrecharnos la mano, el *umpire* con el peto dijo que sólo había una regla especial para nuestro campo.

Toda pelota bateada que cayera en el jardín, en territorio bueno, para después saltar por encima de la cerca de madera de un metro y medio que rodeaba el jardín, ya fuera en el primer rebote o en el décimo, sería considerada un doble.

George McCord, una personalidad popular de la radio matutina de Boston en WBZ y WBZA Radio durante más de treinta años antes de retirarse a Boland, había sido el locutor de la liga durante varios años, "El mejor trabajo sin paga que he tenido", decía él a todos. Yo sólo había escuchado elogios a su habilidad de hacer que cada nombre pronunciado por el aparato de sonido sonara como si Ted Williams fuera a batear en la última mitad de la novena entrada, con dos afuera y la anotación empatada.

Después de nuestra reunión con los *umpires* se escuchó la voz ronca de George, desde su lugar ante la gruesa mesa de roble detrás de la malla de protección del *home* que presentaba a Stewart Rand, anunciando con dramatismo que la temporada número cuarenta y cuatro de la Liga Infantil de Boland estaba a punto de comenzar. Dio instrucciones a los jugadores de los Ángeles, al entrenador y al *manager* para que formaran una sola fila a lo largo de la línea de *foul* de la tercera base, desde el *home*, y a los Yanquis les pidió que hicieron lo mismo a lo largo de la línea de primera base. En seguida le pidió a nuestro Todd Stevenson que por favor se colocara en la lomita del *pitcher* y dirigiera a los dos equipos en la Protesta de la Liga Infantil.

Todd se volvió hacia mí sorprendido, pero cuando le di unas palmadas en el hombro trotó hacia medio campo, se quitó la gorra con la mano izquierda y colocó la mano derecha sobre su corazón. Su voz tembló un poco al empezar, pero pronto fue casi ahogada por las voces de otros veintitrés jóvenes anhelantes.

"Confío en Dios. Amo a mi país y respetaré sus leyes. Jugaré limpio y lucharé por ganar, pero gane o pierda, siempre me esforzaré al máximo".

De inmediato todos nuestros jugadores se volvieron, como se les había indicado, y regresaron hacia el *dugout* tan pronto el juramento terminó. Cuando todos estuvieron sentados, me senté en el último escalón del *dugout* con la cara hacia ellos.

—Bien, muchachos —dije—, hemos trabajado duro durante varias semanas para llegar a este día. Sólo mantengan la mente en el juego y continúen haciendo las cosas que hicieron durante el entrenamiento. Sé que lo harán bien. Tenemos un buen equipo. Ahora, ¡salgamos a empezar a demostrar a todos que somos el mejor equipo de la liga!

—¡Nunca nos daremos por vencidos! —exclamó de pronto el pequeño Timothy.

—Sí —respondió Todd—. ¡Nunca nos daremos por vencidos!

—¡Nunca nos daremos por vencidos, nunca nos daremos por vencidos, nunca nos daremos por vencidos! —gritó todo el equipo, cuando el *umpire* de base asintió hacia nosotros y señaló el campo.

—¡Muy bien, jóvenes, vamos a vencerlos! —gritó Bill.

Tan pronto como todos los Ángeles tomaron sus posiciones acompañados por el aplauso, vítores y silbidos de las tribunas, se inició el himno nacional y todos los jugadores de los dos equipos miraron hacia el asta de la bandera que se encontraba en el centro del campo, se mantuvieron firmes con la gorra pegada con fuerza al pecho hasta que la música cesó.

Todd lanzó ocho o nueve bolas de calentamiento a Tank, antes de que el *umpire* del *home* se colocara frente al plato y diera la espalda a Todd al inclinarse para arreglar la base. En seguida, regresó a su posición detrás de Tank, se puso la careta, ajustó su peto protector y gritó:

–¡Juego!

Yo había decidido no decir nada a Todd antes que se dirigiera al montículo de lanzamiento. Ninguna charla para estimularlo. Había lanzado bien durante el calentamiento y me miró como si tuviera las cosas bajo control. Cualquier cosa que yo le dijera podría causar más daño que bien si afectaba su concentración. Entré en el *dugout* y me senté junto a Bill y nuestros tres jugadores que quedaron en la banca: Chris Lang, Dick Andros y Timothy.

–Bill –dije–, no puedo creer que haya tanta gente. Son apenas las cinco un martes por la tarde; sin embargo, ¿este lugar está repleto con mil aficionados para un juego de la Liga Infantil en una ciudad de sólo cinco mil habitantes más o menos? Parece imposible.

–No aquí en Boland, John. Si inspeccionas las tribunas encontrarás a muchos padres que se interesan, pero también a un gran número de personas retiradas que no desean o no pueden costear el irse a vivir a un clima más cálido. Estos juegos se han convertido en una parte importante de sus vidas. Todos eligen un equipo favorito cuando se inicia la temporada y animan a ese equipo durante toda la temporada. Les da a muchos de ellos algo que hacer, un lugar que visitar y quizá, una razón para despertar y levantarse de la cama por la mañana, algo que muchos de ellos necesitan bastante.

¿Una razón para desear despertar y levantarse de la cama por la mañana? Uno nunca lo nota hasta que ese deseo ya no existe más. ¡Oh, cómo lo sabía yo! Me volví hacia Bill, pero él miraba hacia la base del bateador y su rostro no mostraba emoción. Le di unas palmadas en la rodilla y no dije nada.

Timothy Noble se había movido hacia el escalón superior del *dugout*. Su voz aguda resonó de pronto por encima del ruido de la multitud.

—¡Vamos, chicos, pueden hacerlo! ¡Nunca se den por vencidos, nunca se den por vencidos...!

Todd tuvo un poco de problema con la arena fresca del montículo del *pitcher* y pasó a primera base al primer bateador de los Yanquis antes de acomodarse y retirar a los siguientes tres bateadores con dos bolas bajas y un *ponche*. Cuando nuestro equipo salió del jardín llamé a Chris Lang, que estaba sentado en la banca, y le pregunté si quería ser nuestro indicador de primera base. Sin decir palabra se puso de pie y trotó por el diamante hacia la primera base. Yo daría a los bateadores y corredores de base todas las indicaciones desde mi posición en la tercera base, señales acerca de si deberían golpear la pelota ligeramente, aceptar el lanzamiento siguiente y también si deberían o no intentar un robo si se encontraban en base. Bill West estuvo de acuerdo en inspeccionar las cosas desde el *dugout* así como llevar nuestro libro de anotaciones para estar seguros de que cada niño jugara el número de entradas asignadas.

Tony Zullo caminó para iniciar nuestra mitad de la entrada y decidí probar de inmediato el brazo del lanzador de los Yanquis. Las reglas de la liga declaran que los corredores de base no deben dejar sus bases hasta que la pelota ha sido lanzada y ha llegado al bateador. Cuando el primer lanzamiento a nuestro segundo bateador, Justin Nurnberg, fue un strike, de inmediato toqué mi codo izquierdo con la mano derecha para indicar que Tony debería correr hacia la segunda base tan pronto como el lanzamiento siguiente cruzara la base. De pie en el *home*, Justin también notó mi señal y bateó alto el siguiente lanzamiento para distraer al *catcher*, mientras Tony corría hacia la segunda base. ¡Zap! La pelota lo esperaba cuando tocó el cojín y de inmediato supimos que los Yanquis tenían un *catcher* excelente y un *pitcher* rápido. Entonces, como sucede a menudo cuando un corredor es sacado robando, Justin bateó un sencillo hacia el jardín derecho, pero Paul Taylor, que bateó tercero, bateó fuera tres lanzamientos y dejó el lugar a Todd. El chico grande bateó el primer lanzamiento alto hacia el jardín izquierdo y el joven que jugaba allí, con más suerte que habilidad, según pareció, hizo una cogida sensacional por encima de su hombro derecho, antes de chocar con la cerca del jardín. Por fortuna sólo fue sacudido, pero no soltó la pelota y la multitud le dio una ovación de pie bien merecida mientras corría por el campo hacia el *dugout* de los Yanquis.

Los dos equipos no tenían ninguna anotación en la segunda entrada, aunque Bob Murphy bateó un hermoso doble hacia la línea de *foul* del jardín derecho antes que Jeff Gaston apareciera para terminar con nuestra amenaza.

—¡Nunca te des por vencido, nunca te des por vencido! —Timothy Noble se había convertido en nuestro animador autoasignado. Colocado en el extremo del *dugout*, repitió sus palabras favoritas una y otra vez, mientras saltaba, con los puños apretados con fuerza, cuando sus compañeros de equipo lo urgían para que continuara y con frecuencia pedían más repitiendo "¡Nunca te des por vencido, nunca te des por vencido!"

Los dos equipos no tenían anotaciones después de la tercera entrada, cuando nuestros chicos se preparaban para tomar el jardín y empezar la cuarta entrada, substituí con mis otros tres Ángeles como teníamos planeado. Chris Lang tomó el lugar de Tony Zullo en la segunda base, Dick Andros substituyó a Bob Murphy en el jardín izquierdo y Timothy Noble tomó el lugar de Jeff Gaston en el jardín derecho. Estos chicos que sustituían jugarían la cuarta y quinta entradas. De esa manera tendríamos a todos nuestros jugadores regulares de vuelta en la alienación para la entrada final.

Todd parecía fortalecerse con cada entrada. Sacó a los tres Yanquis que lo enfrentaron en la cuarta entrada y el as de los Yanquis, Gerston, casi lo igualó lanzamiento por lanzamiento, sacando a dos de nuestros chicos y permitiendo que el tercero bateara una bola corta y curva hacia la primera base. Cuatro entradas de nuestro juego de seis entradas ya estaban registradas. Todavía no había acción. Más y más empezaba a parecer uno de esos partidos que con frecuencia son decididos por una sola jugada.

El primer bateador de los Yanquis bateó un golpe fuerte hacia tercera, en la quinta entrada, con el cual Paul Taylor hizo un gran trabajo al atraparlo, pero antes que pudiera recoger la pelota y lanzarla a primera base el bateador había llegado al cojín a salvo. El bateador siguiente falló los tres lanzamientos, pero el niño que siguió bateó con fuerza hacia el *shortstop*. Ben Rogers saltó para atrapar la pelota, la atrapó en su guante, saltó y la lanzó a Justin que estaba en la primera base. ¡Sensacional! El bateador quedó fuera por centímetros, pero el corredor que estaba en primera llegó a salvo a la segunda base sin problema. Ahora los Yanquis tenían a un hombre en posición para anotar, con dos fuera y su lanzador, Gerston, quien bateaba como lanzaba, con la izquierda, se colocaba en la base del bateador.

Bill se inclinó hacia mí y habló con voz suave.

—Si sabes algunas plegarias, John, ahora es el momento de decirlas. ¡Recuerdo del año pasado que este chico lanza cada pelota que batea a la línea del jardín derecho y las batea con fuerza!

De inmediato me levanté de un salto, grité "tiempo" y camine hacia la línea de *foul* de la tercera base, colocando a Timothy más hacia la cerca y más cerca de la línea en el jardín derecho. Finalmente, levanté las dos manos con las palmas hacia fuera y él dejó de moverse. Bill asintió cuando regresé al *dugout*.

El primer lanzamiento de Todd hacia su oponente en el montículo fue una bola rápida siseante. Gerston no la esperaba, giró y bateó una bola curva y alta hacia el centro del jardín derecho.

—¡Oh, Dios! —escuché que decía Bill.

Timothy corrió hacia atrás varios pasos, mirando hacia el cielo de la tarde. Al fin, se volvió y levantó las dos manos por encima de su cabeza, cuando la pelota llegó al máximo de su arco largo y empezó a descender.

—Está justamente debajo de la bola —gritó Bill y los dos nos pusimos de pie—. ¡Vamos, chico, atrapa esa manzana!

El descenso de la pelota era agonizantemente lento. Timothy dudó y después dio otro paso hacia atrás con su guante en alto, pero la pelota golpeó la punta de los dedos enguantados y aterrizó en el césped, detrás de él, para rodar hasta la cerca. Cuando Tim recogió la pelota, ya habían anotado una carrera y Gerston estaba en la tercera base y agitaba las dos manos en alto, mientras la multitud continuaba aplaudiendo. Todd sacó al tercer bateador, pero los Yanquis nos aventajaban ahora por una carrera.

Cuando Timothy bajó los escalones del *dugout* pude ver que su rostro estaba manchado con lágrimas. Empecé a hablar, pero él sólo me miró, sacudió la cabeza y corrió hacia el extremo del *dugout*. Ninguno de sus compañeros de equipo le habló o se acercó a él, aunque hubieron algunas miradas de enfado. En ocasiones los niños pueden ser sumamente crueles. Bill se puso de pie de frente hacia la banca después de que todos tomaron sus asientos. Sacudió su libro de anotaciones.

—Muy bien, señores, nuestros tres primeros bateadores son Lang, Andros y Noble. Tenemos seis salidas más y sólo nos aventajan en una. ¡Este juego es de cualquiera, por lo tanto, vamos a derrotarlos!

Chris Lang bateó una bola curva débil hacia el lanzador, Dick Andros bateó y después, Timothy Noble se acercó al *home*. Sus compañeros de equipo, quienes habían gritado palabras de aliento a

Chris y a Dick, de pronto guardaron silencio. De pie en el *home*, Timothy tiró de sus pantalones, que parecían al menos una talla más grande para su cuerpo pequeño. Arañó el suelo con sus zapatos, se inclinó un poco y esperó. El primer lanzamiento de Gerston fue una bola rápida interna que casi golpeó a Timothy, pero nunca se apartó. Arremetió contra las dos bolas curvas siguientes y después se apartó del plato, respiró profundo y frotó sus manos en el suelo. En seguida respiró profundo de nuevo y se acercó otra vez a la base con el bate levantado, como habíamos practicado. Gerston hizo un movimiento circular largo y deliberado con el brazo antes de moverse hacia atrás y lanzar su bola rápida. El movimiento de Timothy fue calmado, pero la pelota produjo un sonido fuerte al golpear contra el guante del receptor. Caminó despacio hacia el *dugout*, colocó su bate junto a la hilera de bates, con cuidado, y regresó al extremo lejano del *dugout*, mientras se mordía el labio.

Los Yanquis fueron retirados en orden de nuevo en la sexta entrada final, pero los Ángeles no podían haberlo hecho mejor. Tony Zullo bateó una bola sencilla fuerte directamente hacia la segunda base, pero Justin y Paul batearon hacia el diamante y la bola curva y larga de Todd fue el out final del juego.

Todd había lanzado muy bien, sólo permitió un tiro certero y, sin embargo, sólo tenía una derrota que mostrar por su esfuerzo magnífico.

–Muy bien, chicos –gritó Bill, cuando nuestro equipo se reunió frente al *dugout*–. Vamos a formar una fila y a felicitar a los Yanquis por un buen juego. Después, todos regresen aquí por favor y tomen asiento en el *dugout* durante un par de minutos. Sé que sus padres esperan, por lo que no tardaremos mucho.

Después que los jugadores de los dos equipos se estrecharon la mano como era obligatorio y dijeron que fue "un buen juego", los Ángeles regresaron a nuestro *dugout*. Nunca los había visto tan callados o deprimidos cuando me puse de pie para recordarles que había otro juego el jueves y que lo haríamos mucho mejor. Sin embargo, antes que yo dijera algo, Todd se puso de pie, subió el cierre de su chaqueta, se volvió y caminó por el *dugout*, hacia donde Timothy estaba sentado con la cabeza entre las manos. El *dugout* quedó de pronto muy silencioso. Todd se inclinó hacia adelante, colocó las manos en los hombros pequeños de su compañero de equipo y dijo en voz alta:

–Hey, amigo, no te culpes. Incluso las superestrellas de las grandes ligas cometen errores. Es sólo que éste no fue nuestro día, ¿de acuerdo? Eso no significa que nos hayamos dado por vencidos. Nunca nos damos por vencidos. ¿De acuerdo? ¡Nunca! ¡Tú tampoco! ¿De acuerdo?

Timothy miró a Todd, con los ojos llenos de lágrimas. Asintió.

–De acuerdo –dijo Timothy con voz suave.

No había mucho que yo necesitara decir después de eso.

–Nuestro próximo juego es con los Cachorros, el jueves a las cinco, chicos. Me gustaría que todos estuvieran aquí a las cuatro, por favor. Paul Taylor es nuestro lanzador programado. Los veré a todos el jueves.

Mientras conducía a casa reproduje el juego en mi mente, agonizando junto con Timothy cuando la bola golpeó los dedos de su guante y rodó hacia la pared. Entonces, de pronto, reviví otro juego; uno que jugara durante mi segundo año con la Liga Infantil, cuando apenas tenía diez años. Había cometido dos errores al jugar en la segunda base y esos dos errores permitieron que se anotara una carrera. La anotación final significó una derrota para mis Ángeles, 3 a 1, por mi culpa. Mucho después que todos se fueron del parque caminé hacia el césped detrás de la segunda base, me tiré al suelo y lloré. No recuerdo cuánto tiempo permanecí sentado allí, pero me sentía demasiado avergonzado para ir a casa y decirle a mi papá lo sucedido. Finalmente, cuando casi oscurecía, vi la sombra de una camioneta vieja que llegaba al estacionamiento, sus faros iluminaron a través de la cerca de alambre. Pronto escuché su familiar voz llena de amor y comprensión que me decía:

—John, creo que es hora de ir a casa —cuando al fin me puse de pie. Lo abracé con fuerza, sollocé y lloré. Todo lo que él dijo fue:— Está bien, está bien. Todos tenemos días malos de vez en cuando. Nadie es perfecto.

De pronto oprimí el pedal del freno. Casi llegaba a casa, pero me detuve a un lado del camino, di una vuelta en U y regresé hacia el parque. El atardecer daba paso a la oscuridad cuando me estacioné, crucé la abertura de la cerca y me dirigí hacia el *home*. Pude escuchar a unos niños que gritaban y reían en el parque vecino, pero nuestro campo estaba vacío; casi vacío. Él estaba sentado en las sombras sobre el césped, en el centro del jardín derecho, con las piernas dobladas, los codos en las rodillas y la cabeza inclinada hacia adelante. Caminé despacio hacia él y me detuve cuando estuve a unos tres metros de distancia.

–Timothy –lo llamé.

Él levantó la cabeza.

–¿Sí? –miró en mi dirección.

–¿Te encuentras bien?

–Mmj.

–¿No crees que ya es hora de que te vayas a casa?

Él encogió los hombros.

–¿Por qué estás todavía aquí, Timothy?

–No lo sé. Supongo que pensé que si me sentaba aquí, donde sucedió, podría comprender cómo arruiné todo e hice que perdiéramos el juego.

–Y... ¿has llegado a una respuesta?

Negó con la cabeza y escuché un sollozo ahogado. De pronto tuve una idea.

–¿Puedo ver tu guante?

Él frunció el ceño, buscó debajo de su rodilla derecha y me dio un objeto, el guante de béisbol más hecho trizas e inservible que había visto en mi vida. Su piel vieja estaba dura, seca y quebrada en miles de lugares, no quedaba colchón en su palma ni en los dedos. También faltaba la traba entre el pulgar y el dedo índice y alguien la había remplazado con tiras de cuerda para tender la ropa.

Se lo regresé y dije:

–Eso debería estar en un museo de béisbol. Quizá fue usado por Joe DiMaggio cuando era niño.

–No, no lo fue –respondió Tim y una sonrisa iluminó un momento su rostro pequeño.

Me incliné hacia él y extendí mi mano. Él la tomó y lo puse de pie.

–¿No crees que es hora de que te vayas a casa?

–Supongo... –suspiró.

Señalé su guante viejo.

—Creo que ese es tu problema, ese guante. Es difícil hacer un buen trabajo sin buenas herramientas.

El pequeño acarició la parte superior de su guante, con suavidad. Era obvio que se sentía demasiado avergonzado para decirme lo que yo sospechaba, que su madre sola no podía comprarle un guante nuevo. Di un tirón a la visera de su gorra de béisbol azul, nueva, del equipo, con la letra A dorada.

—Timothy, hay un guante Darryl Strawberry casi nuevo en casa en un armario. Perteneció... a... a... mi hijo... pero él no tuvo mucha oportunidad de usarlo. Está ahí guardado. Te lo traeré el jueves.

Me miró con intensidad.

—Su hijo pequeño murió, ¿no es así?

—Sí... sí, está muerto.

—Lo lamento.

Sólo asentí.

—Ahora, quizá sea mejor que el jueves llegues un poco temprano para que puedas atrapar con el guante un tiempo y empezar a suavizarlo, ¿de acuerdo?

—Gracias —asintió—. Lo haré. Siento haber perdido el juego. Espero que los chicos no me odien demasiado. Me siento muy mal, pero prometo que me esforzaré más.

—Nunca te darás por vencido, ¿no es así?

Negó con la cabeza y sonrió.

—¡Nunca!

—Muy bien. Ahora vamos a casa antes que esté oscuro. ¿Tiene luz tu bicicleta?

Él asintió.

—De acuerdo, te veré el jueves temprano.

—Buenas noches, señor Harding.

Cuando abría la puerta de mi coche Timothy pasó en su bicileta, el faro pequeño colocado en el manubrio iluminaba en mi dirección.

—Señor Harding, ¿puedo hacerle una pregunta?

—Por supuesto, hazla.

—¿Cómo supo que todavía me encontraría aquí, en el parque?

No estaba seguro de lo que debía decirle al pequeño, pero al fin respondí.

—No lo sé, Timothy. Creo que quizá mi papá me dijo que estarías aquí.

—Oh.

La bicicleta giró y su rayo de luz empezó a moverse despacio hacia afuera del estacionamiento. Antes que desapareciera de mi vista por completo, escuché una vocecita que gritaba:

—Lo veré el jueves, señor Harding.

X
❃❃❃
❃

$\mathcal{E}$l miércoles pareció durar una semana. Después del desayuno probé todos los pasatiempos que había utilizado últimamente. Troté quizá durante una hora, trabajé golpeando pelotas de golf en mi patio trasero hasta que golpeé al menos doscientas. Traté de leer, pero mi mente divagaba. En forma constante escuchaba voces en las otras habitaciones. ¿Sally? ¿Rick? Incluso encendí el televisor ya avanzada la tarde, pero diez minutos de drama me hicieron oprimir el botón de apagado. No necesitaba más dolor.

Me fui a la cama temprano, poco después que el sol se puso y, por supuesto, desperté el jueves antes que amaneciera. Con los ojos todavía cerrados y la cabeza enterrada en la almohada extendí la mano para tocar a Sally, como lo había hecho durante muchos años. Al no sentir su cuerpo suave, moví

mi mano con suavidad y despacio sobre la almohada fría y tersa antes de sentarme en la cama y golpear mi frente con la palma de la mano. ¿Qué haces,
tonto? Sally no está acostada junto a ti. Sally está
muerta. Muerta, como también lo está tu bebé. Rick
está muerto. Se fue. ¡Nunca regresarán!

Al fin me levanté y tomé una ducha. No tenía
ganas de afeitarme, pero recordé el juego de esa
tarde. No podía permitir que los padres de nuestros Ángeles pensaran que sus niños estaban siendo guiados por un vago desaliñado.

Después de desayunar una tortilla de huevo,
jugo de naranja y café, entré en el estudio, me senté
ante el escritorio y observé la página de nuestro
libro de anotaciones de la Liga Infantil que Bill
utilizara para anotar nuestro primer juego. Sólo
habíamos hecho tres tiros certeros por Gerston,
sencillos por Zullo y Nurnberg y uno doble por
Murphy, por lo que parecía que no había mucho
que yo pudiera hacer para mejorar el orden de
bateo basándome en la ejecución del juego. Todos
habían parado y lanzado la pelota sorprendente-
mente bien, excepto por el costoso error de Timothy, considerando que era nuestro primer juego. A
no ser que Bill West tuviera otras sugerencias,
seguiríamos la misma alineación y orden para batear esta tarde contra los Cachorros, excepto que
Paul Taylor lanzaría, Justin se cambiaría a tercera
base y Todd jugaría en primera.

Cerré mi libreta de anotaciones y una vez más
pensé en el terrible momento en la cama, cuando
traté de tocar a mi mujer y no hubo nadie a quien tocar. Tiré del último cajón del escritorio y se abrió con
facilidad. El feo revólver todavía se encontraba sobre

la cubierta amarilla lustrosa de un directorio telefónico NYNEX que contenía la lista de los residentes de Concord y varias ciudades vecinas, incluyendo Boland. Metí la mano en el cajón, pero de inmediato la saqué, antes de hacer contacto con el metal azul oscuro.

–Buenos días, señor Harding.

Cerré el cajón con mi espinilla derecha y actué como un niño que ha sido sorprendido con las manos en el frasco de las galletas. ¡Vaya frasco de galletas!

–Rose. Buenos días. No la escuché entrar y creo que olvidé que era el día en que hace la limpieza.

La sonrisa de la mujer se borró de inmediato.

–¿Es este un mal día, señor? Puedo regresar en otra ocasión.

–No, no. Hoy está bien. Soy sólo yo. Supongo que tengo demasiadas cosas en la mente.

Rose Kelley asió con las dos manos el mango de nuestra aspiradora e inclinó la cabeza con compasión.

–Lo lamento. ¿Hay algo especial que pueda hacer por usted?

–Negué con la cabeza.

–Señor Harding, espero que no le importe. Ayer por la mañana fui al Cementerio Maplewood y dije algunas plegarias ante la tumba por Sally y Rick. Es un lugar encantador en esa pequeña elevación cerca del muro de piedra. ¿Ya escogió una lápida para ellos?

–No, no lo he hecho.

–¿Va allí con frecuencia para estar cerca de ellos?

Miré mis manos.

–Señor Harding...

Negué con la cabeza de nuevo.

–No he estado allí desde el funeral, Rose. He conducido hasta el cementerio varias veces, pero nunca estacioné el coche ni caminé por esa vereda pequeña hasta sus tumbas. No puedo... No puedo acercarme lo suficiente... para mirar el césped... y...

–Señor Harding, por favor perdóneme, porque sólo soy una mujer anciana que hace la limpieza y soy ignorante, pero debe ir a la tumba. Debe hacerlo. No por ellos. ¡Por usted! Recuerdo a mi madre, Dios tenga su alma, cuando me contó un viejo cuento irlandés que dijo le había sido contado por su abuela en County Galway. Parece ser que una mujer joven, en un pueblo pequeño de la costa, perdió a su único hijo cuando se cayó de un peñasco y en los meses que siguieron al funeral ella vivió una vida llena sólo de lágrimas constantes, angustia, dolor y pesar. Cuando llegó el siguiente cumpleaños de su hijo muerto, resolvió pasar todo el día junto a su tumba, y cuando iba camino al cementerio se detuvo para comprar algunas flores a un anciano en la plaza del pueblo. Después de pagar el ramo de flores para el cementerio empezó a alejarse, pero se detuvo para observar al viejo comerciante de flores, quien con cuidado quitaba todas las hojas y tallos secos de la parte baja de una planta que estaba en una maceta, la cual no parecía tener vida. "¿Por qué pierde su tiempo con esa planta muerta?" preguntó ella. Él respondió: "No está muerta. Oh, algunas de sus hojas han terminado con su vida, pero vea aquí, todavía hay algo verde en el tallo. Espero que con cuidado y amor esta planta viva y produzca flores durante muchos años más. Joven señora, hay muchas personas como las plantas; sufren lo que es una pérdida terrible, quizá un hijo, una esposa o un marido y permiten que lo sucedido las convierta a ellas en un tallo marchito, vació de esperanza y vida. Sin embargo, hay muchas que sólo sufren la caída de las partes secas y después continúan con vida, respiran, cantan y sonríen, mientras producen flores hermosas, año con año, mientras Dios pueda utilizarlas".

–Señor Harding –continuó Rose. Cada vez se parecía más a una maestra estricta de primer grado, al levantar la aspiradora de la alfombra–. Ya tenemos suficientes plantas que han perecido allá en el bosque. No deseo verlo consumido por la tristeza hasta convertirse en una de ellas.

En la tarde recordé que había prometido llevarle a Timothy el guante de béisbol casi nuevo de Rick. Entré en la habitación de mi hijo, caminé directamente hacia el armario sin mirar a la derecha o a la izquierda y abrí las puertas corredizas. El guante estaba en un anaquel que yo había construido lo bastante bajo para que Rick pudiera guardar algunas de sus posesiones más preciadas, en un nivel que él pudiera alcanzar, en lugar de meter todo bajo su cama y en su cómoda. Debajo del guante había cajas de damas chinas, dominó y otros juegos de mesa. Junto, había Tortugas Ninja de brillantes colores y muñecos mezclados con lanzacohetes, y helicópteros. También estaban las tres cajas de zapatos llenas con tarjetas de béisbol. Tomé una del anaquel y la sostuve en mi mano con amor. ¿Cuántas horas se había sentado Rick ante la mesa de nuestra cocina, para transferir con cuidado tarjetas de una caja con índice a otra, mientras continuaba invirtiendo la mayor parte del dinero que recibía en su colección? Metí la mano y saqué una tarjeta al azar "NOLAN RYAN, Texas Rangers". Uno de los jugadores favoritos de Rick y también mío.

Timothy me esperaba, caminaba de un lado al otro del estacionamiento cuando llegué a las tres y media exactamente, como lo prometiera. Corrió hacia mi coche y al bajarme le lancé el guante.

–¡Oh... vaya... esto es excelente! –exclamó al meter su mano izquierda pequeña en los dedos de piel. En seguida golpeó con el puño derecho la palma oscura del guante una y otra vez, mientras flexionaba las trabas de piel gruesa entre el pulgar y el dedo índice.

–¿Quieres probarlo? –pregunté.

–¡De acuerdo!

Bill West tenía todo el aprovisionamiento y equipo del grupo en su coche, pero recordé llevar una pelota de béisbol y mi guante viejo. Los dos lanzamos la pelota en el jardín derecho, hasta que los otros jugadores empezaron a llegar. Cuando Timothy y yo caminamos hacia el diamante, le pregunté:

–¿Lo sientes cómodo en la mano?

–Oh, sí. Es un guante muy bueno, señor Harding. Gracias. Gracias. Ahora lo haré mejor, ya lo verá.

–¿Día a día... Timothy?

Sonrió y asintió con entusiasmo.

Después de la primera entrada sin anotación, nuestros chicos tomaron la delantera a tres lanzadores de los Cachorros y anotaron once carreras. Cuando envié a mis tres substitutos en la cuarta entrada la anotación era ya 15 a 1, por lo que permití que Chris, Dick y Timothy jugaran durante el resto del partido, sin meter de nuevo a los jugadores regulares en la sexta entrada. La anotación final fue un vergonzoso 19 a 2 y aunque tuvimos quince jugadas certeras, los Cachorros ayudaron a nuestra causa al cometer siete errores. Me disculpé con su entrenador después del juego, pero Walt Hutchinson era un buen perdedor y dijo que por la forma como jugaron sus chicos merecían ser derrotados. Tuvimos dos estrellas de bateo. Todd bateó dos jonrones y un doble, mientras que Paul Taylor, además de lanzar un juego con cuatro tiros certeros, sacar a ocho y pasar a primera base sólo a dos, bateó un jonrón y tres sencillos. Timothy bateó dos veces durante esas tres entradas finales. Fue sacado las dos veces, pero no hubo lágrimas, berrinches, autocompasión ni enfado. En cambio, cerca del final del juego, el vigoroso chico estaba ronco por estar animando a sus compañeros de equipo y en apariencia todos lo habían perdonado por su error que los hizo perder el primer juego. "¡Día a día, en todos sentidos, mejoramos y mejoramos!" y "¡Nunca, nunca, nunca, nunca, nunca, nunca se den por vencidos!" eran cantadas con mucha frecuencia y en voz alta por nuestro equipo a petición de Timothy, tanto, que los espectadores que se encontraban cerca detrás de nuestro *dugout* las repitieron y pronto toda la multitud que ocupaba nuestra mitad del campo repetía esas palabras valientes, una y otra vez, "¡Nunca se den por vencidos!"

El martes por la tarde, la semana siguiente, nuestros oponentes eran los Piratas, dirigidos por el abuelo Tony Piso, quien también era el tesorero de Boland. Los Piratas habían ganado los dos primeros juegos, incluyendo un partido reñido, 9 a 8,

contra los Yanquis de Sid Marx, quienes nos derro-
taran en el primer juego. Sabíamos que éste sería
un juego difícil y lo fue. ¡Ganamos 2 a 0! Todd
Stevenson permitió sólo un acierto, un sencillo
casual entre el *shortstop* y la tercera base, y Tank
Kimball bateó al fondo del jardín central en la
cuarta entrada, lo que hizo que Zullo y Nurnberg,
quienes habían pasado a primera base porque el
lanzador sirvió mal, avanzaran después a segunda
y tercera base con un buen tiro de Paul Taylor.
Teníamos en total sólo cinco tiros certeros, todos
sencillos. Timothy hizo al fin contacto con dos
pelotas lanzadas y ambas la bateó por encima de la
malla de protección detrás del *home*, pero detuvo
limpiamente un sencillo de los Piratas que iba entre
primera y segunda y lanzó la pelota a la segunda
base, a tiempo para evitar que el corredor avanza-
ra. Día a día...

Después del juego pasé por lo menos una hora
estrechando manos y hablando con los padres de
nuestros chicos. Fue una gran emoción el ser acep-
tado al fin, pero más importante que sus palabras
amables fue escuchar las palabras no solicitadas de
elogio que ellos repetían y que salieran de las bocas
de sus hijos, sobre el señor Harding y el señor West.

La tarde siguiente, miércoles, jugamos contra Sid
Marx y sus Yanquis por segunda vez. Nuestros chicos querían la revancha y la consiguieron. Con Paul
Taylor lanzando otro buen juego ganamos 6 a 4 y
en esta ocasión nuestra estrella de bateo fue Bob
Murphy, quien tuvo una noche perfecta con dos
sencillos y un doble. Dos de nuestros jugadores
sustitutos lograron conseguir sus primeros tiros
certeros de la temporada. Chris Lang bateó una

bola curva corta hacia el jardín derecho que lo llevó a primera y Dick Andros bateó un tiro fuerte hacia el jardín izquierdo y ganó dos bases. Fue un juego cerrado y excitante. Algunos de los padres comentaron más tarde que la diferencia entre ganar y perder había sido nuestro pequeño animador, quien nunca dejó de alentar a sus compañeros. Timothy era ahora el único jugador de nuestro equipo sin al menos un tiro certero; falló de nuevo la única vez que le tocó batear, pero se mantuvo allí durante cada lanzamiento y nunca se dio por vencido.

En la quinta entrada, cuando Timothy corría hacia su posición en el jardín derecho dando palmadas en la espalda a sus compañeros, Bill movió la cabeza en su dirección y dijo:

—John, el corazón de ese chico debe ser muy grande. Nunca comprenderé cómo el Señor lo colocó dentro de un cuerpo tan pequeño.

Ya habían transcurrido dos semanas de la temporada de seis semanas y para gran alegría y sorpresa nuestra los Ángeles iban al frente de la liga con un récord de 3 y 1, mientras que los Yanquis y los Piratas se encontraban bastante cerca con 2 y 2 cada uno. Todavía faltaban cuatro semanas y ocho juegos por jugar. Cualquier cosa podía suceder.

Después de ese segundo juego contra los Yanquis, Sid Marx, su entrenador y yo tuvimos una charla prolongada y amistosa apoyados en la malla de protección, detrás del *home*. Me agradaba Sid. Cubrimos todos los temas posibles, desde el gran desarrollo del programa de la Liga Infantil, hasta cómo se comparaban en habilidad y actitud los chicos actuales con los de veinte y treinta años antes.

–Se hace tarde, John –dijo al fin Sid–, y será mejor que me vaya antes que Susie empiece a preocuparse por mí. Fue un buen juego, pero los derrotaremos la próxima vez, lo prometo.

Al conducir hacia mi casa pasé por el viejo puente cubierto y al dar vuelta a la derecha en la calle Main vi al pequeño, a pesar de que casi estaba oscuro. Caminaba con paso regular, pero se detuvo de pronto cuando detuve mi coche cerca del borde angosto de césped que separaba la acera de la calle. Me incliné y abrí la puerta del coche, del lado del pasajero.

–Timothy, ¿caminas a casa después de nuestro juego?

–Mmj.

–¿Por qué? ¿Dónde está tu bicicleta?

–La cadena se rompió esta mañana. Mi mamá llevó todo a la tienda de bicicletas en Concord, camino al trabajo, hoy.

–Sube y te llevaré a casa.

–No me importa caminar. No deseo molestarlo. Estaré bien, no se preocupe.

–¡Sube! –intenté remplazar el afecto en mi voz con un poco de autoridad.

Tan pronto como estuvo en el coche y cerró la puerta, dije:

–Ahora muéstrame el camino –seguí las indicaciones de Timothy y continuamos por la calle Main a través del centro de la ciudad, dimos vuelta a la derecha en la avenida Jefferson y después de unos dos kilómetros sobre un asfalto con baches giramos hacia la izquierda y tomamos la Vía 67. Continuamos otros dos kilómetros aproximadamente antes de volverme hacia Timothy y preguntar–: ¿Caminaste toda esta distancia hasta el parque de pelota hoy?

Con la cabeza inclinada y con el guante nuevo aferrado contra su pecho levantó la mirada y me vio a través de sus pestañas largas de color castaño. Asintió dudoso, como si hubiera sido atrapado en algún crimen.

—¡Santo cielo! ¿Cuánto tiempo tardaste en ir de tu casa hasta el campo?

Él encogió los hombros y suspiró.

—No lo sé. Salí de casa alrededor de las dos, después de preparar un emparedado de crema de cacahuate para mi almuerzo. Mi mamá tuvo que ir a trabajar temprano hoy.

De pronto se enderezó y señaló.

—¿Ve ese buzón, señor Harding? Es nuestro. Dé vuelta a la derecha después de pasarlo, por el camino de tierra. Nuestra casa está un poco adentro del bosque, allí.

Hice lo que me indicó, conduje despacio y con precaución por el sendero angosto y con surcos durante quizá unos cien metros, antes que la luz de mis faros iluminara el frente de una estructura de madera en mal estado, la cual parecía un área de almacenamiento de madera o equipo de granja. Muchas de las tablas sin pintar a lo largo del frente de la choza faltaban o estaban cuarteadas, y cerca de una esquina había un área grande donde alguien había clavado una pieza cuadrada de madera terciada, grande y sin pintar. Una luz brillaba a través de la ventana sin cortina, a la izquierda de la puerta, y más madera terciada estaba clavada a lo largo del marco de la ventana de la derecha. A un lado, estacionado bajo varios pinos, estaba un Renault sedán azul, oxidado.

–Ese es el coche de mamá –explicó Timothy–. Ella dice que funciona mejor de lo que se ve... y así es.

Un foco, manchado por las moscas y sin cubrir, brillaba arriba de la puerta principal, la cual se abrió despacio cuando una mujer salió a la plataforma y levantó las dos manos para cubrir sus ojos. De inmediato apagué los faros–. Esa es mi mamá –anunció Tim, cuando bajamos del auto. Lo seguí hasta los escalones, que eran sólo bloques de concreto apilados sueltos, uno encima del otro.

Ella estaba de pie afuera de la puerta, nerviosa e insegura, y asía el picaporte con una mano y su delantal con la otra.

–Buenos días, señora Noble. Soy John Harding, el entrenador de Timothy en la Liga Infantil. Lo vi caminando a casa esta noche, por lo que pensé en traerlo.

Su voz sonó joven y preocupada, lo cual era quizá una buena descripción de su apariencia.

–Fue muy amable, señor Harding. ¿No quiere pasar, por favor?

Dudé, pues me sentí bastante incómodo, pero al ver que Timothy asentía esperanzado, no pude ignorarlo. La puerta comunicaba directamente con la cocina y tan pronto como estuvimos adentro la madre de Timothy extendió su mano derecha hacia mí, en forma tentativa.

–Soy Peggy Noble –dijo ella–. señor. Me da gusto tener esta oportunidad para agradecerle en persona lo que ha hecho por mi hijo.

Estaba poco maquillada, su cabello rubio necesitaba ser cepillado y peinado y su rostro estaba un poco sonrojado. Salía vapor de dos ollas que estaban en la estufa. Era obvio que la señora Noble preparaba la cena.

–Por favor, señor Harding, tome asiento –pidió ella y sacó una silla cubierta con plástico de detrás de la mesa chica que ya estaba puesta para dos. Más allá de un refrigerador viejo, al otro lado de la cocina y cerca del techo, pude ver lo que parecía un pedazo de cordón para tender ropa que se extendía a lo largo de la habitación. De éste colgaban sábanas, como una especie de cortina, pero no ocultaban por completo las dos camas sin hacer, apenas visibles en las sombras. De inmediato comprendí que Timothy y su madre vivían en una choza de una sola habitación que probablemente, en años pasados, había sido utilizada sólo por cazadores, cada otoño.

–Tome asiento, señor Harding –repitió ella.

–No, gracias, señora Noble. Tengo que irme. ¿Qué hay sobre la próxima semana? Nuestro primer juego es el martes. ¿Timothy tendrá para entonces su bicicleta o vengo a recogerlo?

Los ojos grises de ella se llenaron de lágrimas.

–Es muy amable, señor. Muy amable. No, me dijeron que podía recoger la bicicleta este sábado, por lo tanto Timothy estará bien la próxima semana.

–¡Fabuloso! Me voy. No fue mi intención interrumpir su cena, sin embargo me dio gusto conocerla. Es un niño con suerte al tenerla.

–Me temo que no hago mucho por él. Es difícil y lo intento, porque lo amo mucho. Sin embargo, señor Harding, él tiene suerte principalmente por tenerlo a usted en su vida... en este momento. Mucha suerte. Doy las gracias a Dios porque usted lo seleccionó.

Se acercó más a mí, se puso de puntillas y besó mi mejilla.

Conduje hacia mi casa muy despacio.

XI

❀❀❀

El sábado, ya avanzada la tarde, después de comprar leche, pan, refresco y comida congelada en la tienda local, caminé por el jardín trasero que Bobby Compton y sus hombres habían podado y arreglado tan bien el viernes. A los dos lados de la terraza, las rosas que Sally plantara con tanto cuidado en marzo, cuando yo pensé que todavía era demasiado pronto en la estación, estaban ahora cubiertas con flores. Corté una, inhalé su fragancia suave y guardé con cuidado su tallo espinoso en el bolsillo de mi camisa. Luego caminé por la pradera, más allá de nuestro prado, para revisar los arbustos de arándano silvestre. Los racimos de bayas todavía tenían un color verde claro, excepto por un toque ocasional de color de rosa. Todavía faltaban al menos dos o tres semanas para cortarlos, pero incluso cuando estuvieran maduros, ninguno de éstos se convertiría en un pastel o galleta o en uno de los pasteles rellenos de Sally Harding, que yo recordaba haber sostenido con las dos manos, todavía caliente, antes de dar la primera mordida. ¡Recuerdos! Allí voy de nuevo. Parece que durante toda nuestra vida alguien trata de enseñarnos cómo recordar mejor. Hay incluso multitud de cursos de memoria y conferencias sobre el tema, pero nunca he oído hablar de un curso sobre cómo olvidar y estoy seguro que para algunos sería un seminario muy popular. Muchas de las personas que están orgullosas de su gran habilidad para recordar personas, fechas y sucesos pueden llegar a admitir algún día que su bendición se ha convertido en una maldición.

El martes por la tarde le dimos a Chuck Barrio la asignación inicial contra los Cachorros y el zurdo excelente estuvo casi perfecto durante cuatro entradas. Íbamos ganando 8 a 1 cuando los Cachorros salieron a batear en la quinta entrada y anotaron doce carreras. Anotaron siete carreras con Chuck antes que lo cambiara con Paul Taylor, puesto que Todd estaba programado para el juego del jueves contra los Piratas. Paul tampoco tuvo suerte, pasó a primera base a los tres primeros bateadores que enfrentó antes de permitir dos sencillos y un doble. Me culpo a mí mismo por su mala actuación, puesto que no insistí en que calentara lo suficiente después de enviarlo al montículo de lanzamiento, a pesar de que el *umpire* deseaba que lo hiciera. De cualquier manera, permitimos que un juego que estaba ganado se nos fuera de las manos. La anotación final fue 15 a 9, a favor de los Cachorros. Ben

Rogers, nuestro hombre silencioso en la posición de *shortstop*, fue nuestra estrella de bateo con dos dobles y un sencillo y Todd anotó otro jonrón. Como ahora todos los Ángeles estaban muy conscientes de que Timothy era el único en el equipo sin una anotación, todos agonizaron cada vez que él bateó en la quinta entrada, pero el pequeño bateó mal una vez más para terminar la entrada.

El jueves fue un día de actividad contra los Piratas de Anthony Piso. Todd lanzó la pelota sin que anotaran carreras y tuvimos a cuatro lanzadores de los Piratas en catorce carreras; nunca anotamos menos de dos carreras en una entrada. A pesar de que nuestros chicos lograron veinte tiros certeros, de acuerdo a Bill West y su libro de anotaciones, todos ellos parecían más preocupados porque Timothy lograra su primer tiro certero. Siempre que él estaba en la base del bateador durante la cuarta entrada, nuestro *dugout* se asemejaba más a un altavoz enorme de concreto, de alta fidelidad, que rugía: "¡Nunca te des por vencido, nunca te des por vencido, Timothy, Timothy, nunca te des por vencido!" hasta que el *umpire* del *home* pidió tiempo, se acercó a nuestra banca y pidió a los chicos que amablemente bajaran sus voces a no más de un estruendo fuerte, para que sus indicaciones pudieran ser escuchadas. Nuestros Ángeles se pusieron de pie y aplaudieron cuando el hombre regresó al *home*, antes de continuar con sus vítores para Timothy. En un lanzamiento, Timothy bateó un poco fuerte una bola hacia la línea del jardín derecho y fue fuera, pero no pudo batear los siguientes dos lanzamientos. Cuando arrojó su bate hacia nuestro *dugout* y corrió para ocupar su posición en el jardín derecho, Bill me indicó que me sentara junto a él.

—¿Qué sucede? —pregunté.

—Timothy. ¿Te parece que se encuentra bien?

—Sí. ¿Por qué?

—No lo sé. Parece más pálido que de costumbre y cuando corrió desde el jardín, después de la última entrada, actuó como si se le dificultara mucho mantener el equilibrio. Le pregunté si se sentía bien y sólo asintió con la cabeza.

Cuando terminó el juego y después que intercambiamos felicitaciones con los Piratas en el *home*, decidí hablar con él.

—Timothy, ¿cómo está la cadena nueva de la bicicleta?

—Fabulosa —asintió con vigor—. Es como tener ruedas nuevas.

Las palabras fueron pronunciadas en forma separada, con pausas largas entre cada una, no como una frase única y completa. Extraño.

—¿Te sientes bien?

Asintió de nuevo.

—Estoy un poco cansado. Mi mamá tuvo que ir a trabajar temprano hoy y la escuché preparar el desayuno, por lo tanto, desperté.

Le di palmadas suaves en la cabeza.

—Duerme bien esta noche, ¿me escuchas?

Asintió y forzó una media sonrisa.

—Buenas noches, señor Harding.

El coche de Bill estaba estacionado junto al mío en el estacionamiento. Él estaba apoyado en su vehículo, me esperaba con expresión preocupada.

—¿Qué averiguaste, John... sobre Timothy?

—Dijo que estaba cansado porque accidentalmente su madre lo despertó temprano –encogí los hombros–, pero no lo sé, su forma de hablar suena un poco extraña, como alguien que habla mientras está hipnotizado.

–Lo más sorprendente para mí, John –Bill suspiró–, es que el chico todavía esté jugando. He sido entrenador de muchos chicos en la Liga Infantil a través de los años, y cuando no dejan de batear hacia afuera y logran poco o nada en el jardín, por lo general se van después de unos juegos en lugar de continuar, porque se sienten avergonzados por su falta de habilidad o coordinación. ¡No este chico! Él viene a jugar todos los días, trabaja con ahínco todo el tiempo, se esfuerza lo más posible, no pide compasión y en lugar de llorar por sus propios fracasos vitorea más fuerte que todos a cada uno de sus compañeros de equipo. Es un Ángel pequeño muy valiente. Todos podemos aprender mucho de él.

Todos podemos aprender mucho de él. Continuaba escuchando las palabras de Bill una y otra vez, mucho después que apagué la luz y me metí en la cama.

La tarde de mediados de julio era cálida y húmeda y grupos grandes de nubes algodonosas se reunían arriba cuando llegué al estacionamiento de la Liga Infantil, para nuestro importante juego del lunes contra Sid Marx y sus Yanquis. Después de completar la mitad de nuestros doce juegos programados, ahora compartíamos la delantera con los Yanquis, ya que ambos habíamos ganado cuatro partidos y perdido dos, mientras que los Piratas y los Cachorros habían ganado dos y perdido cuatro, cada uno.

En el estacionamiento, junto al coche de Bill, estaba una camioneta blanca con letras rojas en los dos costados y en la puerta trasera: ESTACIÓN DE TELEVISIÓN PRINCIPAL DE NEW HAMPSHIRE-CANAL 9-WMUR-TV-MANCHESTER, N.H. No volví a pensar en eso hasta que crucé la abertura en la cerca, entré en el prado y vi a dos jóvenes con pantalones de mezclilla azules y playeras que acomodaban un trípode y una cámara de televisión enfocada hacia el *dugout* de primera base, que era nuestro *dugout* para ese juego, ya que estábamos designados como el equipo visitante. Otro joven, con traje oscuro, que se encontraba de pie detrás de la cámara, levantó la cabeza cuando yo me acercaba.

—Aquí está él, muchachos. Tiempo perfecto —dijo el joven con traje—. Señor Harding —extendió su mano y sonrió—, soy Tom Land, uno de los comentaristas deportivos del Canal Nueve, en Manchester. Nos gustaría entrevistarlo para nuestro *Noticiero de las Once*, esta noche si no tiene inconveniente. Nuestra estación ya tiene la aprobación del presidente de su liga, el señor Rand.

—¿Por qué desean entrevistarme? Hay cientos de entrenadores de la Liga Infantil en New Hampshire y si desean hablar con uno que sea realmente bueno, es probable que ya se encuentre en ese otro *dugout*. Se llama Sid Marx. Es un gran entrenador y los chicos lo aman.

—Bueno, señor —dijo él y asintió con la cabeza—, tal vez haya cientos de directivos y entrenadores de la Liga Infantil en este estado, pero le aseguro que ninguno es tan conocido en New Hampshire y en el país como lo es John Harding. Dudo que ha-

134

ya muchos de nuestros televidentes que no estén familiarizados con la forma como subió para convertirse en presidente y director de Millennium Unlimited a una edad tan temprana, antes... antes...

Fijó la mirada en el suelo, forzó al fin una sonrisa y añadió:

—El ver que un ejemplo del éxito norteamericano tan célebre entrene a un equipo de la Liga Infantil en una ciudad pequeña, en lugar de dirigir esa corporación que figura entre las 500 empresas de la revista *Fortune*, es una historia increíble. Me da gusto haberlo encontrado antes que las cadenas de televisión.

—¿A quién desea entrevistar, a John Harding, entrenador de los Ángeles o... o a John Harding, director anterior y por breve tiempo de la poderosa Millennium?

De pronto aparecieron surcos profundos en su frente amplia.

—Pues... pues... a ambos —tartamudeó.

—Lo lamento, pero no participaré.

Él actuó como si no me hubiera escuchado.

—Señor Harding, no nos tomará mucho tiempo. Quizá diez minutos. Tengo sólo unas preguntas que deseo hacerle, preguntas que tengo la seguridad que a nuestra audiencia le gustaría escucharlo responder, tales como la manera en que ha logrado vivir los últimos meses, desde la tragedia terrible. También, tal vez, algunas preguntas que comparen los viejos tiempos de la Liga Infantil, cuando usted era una estrella aquí, en este mismo campo, con las condiciones y jugadores actuales.

—Señor Land, tratamos de prepararnos para jugar un juego de pelota. Le doy las gracias a usted y a su estación de televisión por este honor, pero mi respuesta es no. Me temo que usted y su gente tendrán que quitar esa cámara con rapidez. Como puede ver, mis chicos empiezan a llegar y esa cosa es con exactitud la clase de distracción que no necesitamos. Ahora, si desea filmar parte del juego, es mi invitado. Allá, detrás de la malla de protección del *home*, encontrará a un hombre guapo llamado George McCord. Él es nuestro comentarista y locutor. Estoy seguro que con gusto le mostrará dónde puede colocar su cámara –extendí mi mano–. Gusto en conocerlo, señor Land.

Me miró con incredulidad, con la boca parcialmente abierta.

–¿Quiere decir que no hará la entrevista?

–Correcto –di palmadas en su hombro–. Ahora, por favor, mueva su cámara para que estos chicos puedan prepararse para jugar.

Fue un juego difícil. Con la cámara del Canal 9 colocada en la tribuna detrás de la tercera base, los Ángeles y los Yanquis jugaron como si sus vidas estuvieran en juego. Nuestros chicos pronto fueron a la cabeza 2 a 0 en la segunda entrada, cuando Bob Murphy bateó hacia el jardín central y Zullo y Nurnberg anotaron carrera, pero los Yanquis se recuperaron en la cuarta entrada con cuatro tiros certeros, después que Paul Taylor tuvo problema en el control y bajamos a 4 a 2. Logramos anotar una carrera más en la sexta entrada, 4 a 3. Tank Kimball bateó bien al fin y logró dos sencillos y un doble. Timothy bateó con dos jugadores en base en la quinta entrada, y con una oportunidad para convertirse en héroe. Oré en silencio, le pedí a Dios que por favor le permitiera un buen tiro, sólo uno, como si Dios no tuviera otra cosa que hacer que preocuparse por un juego de la Liga Infantil en una ciudad pequeña. Más tarde, en la noche, al recordar ese momento, comprendí que fue la primera oración que había dicho desde el funeral.

Después de tratar de batear con fuerza los dos primeros lanzamientos, Tim se negó a intentar los dos siguientes, que pasaron por arriba de su cabeza, antes de mover los dos pies, girar y conectar. Fue sólo una bola curva hacia el diamante y al jugador de tercera base, pero al fin había bateado una pelota en territorio bueno durante un juego y todo nuestro equipo se puso de pie, aplaudió y gritó, cuando Timothy llegó a la primera base antes de volverse para regresar al *dugout*. Se detuvo a la mitad del camino de regreso, se quitó la gorra y la sacudió hacia la cámara de televisión, detrás de la tercera base, antes de tomar su asiento en la banca. Lo observaba con detenimiento. Cuando bajó los escalones del *dugout*, parecía balancearse de un lado al otro y respiraba con dificultad. Cuando iba a sentarse, primero extendió las dos manos hacia la banca y luego se acomodó en el asiento de madera.

Jugamos de nuevo el miércoles por la tarde contra los atrasados Cachorros. Todos en nuestro equipo, esto es, todos excepto Timothy, lograron al menos una buena jugada y tres de nuestros chicos tuvieron una noche perfecta. La anotación final fue 13 a 4. Todd experimentó con unos lanzamientos nuevos, que incluían un tiro suave ejecutado agarrando la bola con el pulgar y el meñique, presionándola con los nudillos de los demás dedos, el cual su hermano mayor utilizaba con éxito en la escuela de segunda enseñanza. De lo contrario, estoy seguro que hubiera tenido otro éxito rotundo. Timothy tuvo algunas jugadas buenas, pero bateó mal cuatro lanzamientos. Sin embargo, al fin atrapó su primera bola curva del año, una bola bastante bien bateada que se dirigió directamente a él. Sólo levantó su guante nuevo y la atrapó como lo haría cualquier jugador de las ligas mayores. Por supuesto, eso produjo otro coro de vítores de todos los Ángeles, ya sea que estuvieran en el campo o en la banca y le dio a él otra oportunidad para quitarse la gorra. ¡Qué pequeño aficionado! Cuando llegó al *dugout*, gritó:

–Día a día, en todos sentidos, realmente y en verdad mejoro y mejoro.

Ahora, con sólo cuatro juegos faltantes, los Yanquis tenían un récord de seis ganados y dos perdidos y nosotros estábamos en segundo lugar con cinco ganados y tres perdidos. Como los dos equipos mejores jugarían un único juego al final de la temporada, por el campeonato de la liga, me hubiera sentido satisfecho si la temporada regular hubiera terminado en ese momento. Sin embargo, todavía teníamos que jugar cuatro juegos más y los Piratas, con tres ganados y cinco perdidos e incluso los Cachorros, con dos ganados y seis perdidos, podrían alcanzarnos. Todavía no podíamos relajarnos.

... Y a Timothy Noble, todavía sin un batazo que le hiciera llegar a primera base, se le terminaban los juegos.

XII

❀❀❀

La mayoría de las ciudades de Nueva Inglaterra lanzan el mayor despliegue de fuegos artificiales que esté a su alcance, por lo general en su campo atlético más espacioso, para celebrar el Día de la Independencia. Esto no sucede en la ciudad de Boland. Por supuesto, la mayoría de sus ciudadanos conducen hasta la cercana Concord para disfrutar la exhibición de fuegos artificiales el cuatro de julio; sin embargo, tienen su propia celebración especial. Como los expedientes del ayuntamiento indican que el primer poblador de Boland, Isaac Thomas Boland, llegó entre animales y nativos poco amistosos el 17 de julio de 1735, ese es el día en que la mayoría de los habitantes se reúne siempre en la tribuna y estacionamiento del Parque de la Liga Infantil de Boland. Al caer la noche, cohetes, velas romanas y una variedad de artificios de fuegos aéreos son lanzados desde el área del jardín y explotan alto, en un espectro ruidoso y brillante de colores resplandecientes, mientras la multitud exclama, grita y aplaude.

Debido a que el 17 de julio cayó en lunes, nuestros juegos programados, que normalmente se jugaban de lunes a jueves cada semana, fueron adelantados un día y nuestro juego contra los Piratas se programó para el jueves por la tarde. Bill llamó por teléfono el lunes a media tarde para preguntar si deseaba ir a ver los fuegos artificiales con él y Edy. Le di las gracias, pero no acepté. Después de cenar pastrami con pan de centeno y un vaso de leche descremada salí a la terraza, me acomodé con mi silla favorita y casi estaba dormido cuando explotó la primera luz artificial, por encima y muy cerca de la casa. Sorprendido, levanté la mirada justo a tiempo parar ver multitud de estrellas luminosas de todos colores que caían con lentitud desde una columna giratoria de humo blanco. Me senté y observé cómo subían los cohetes brillantes y las bolas de luz luminosas, uno detrás de otro, muy alto hacia el cielo, ascendiendo en forma de arco desde el campo de juego a medio kilómetro de distancia, más o menos, que quedada oculto a la vista por pinos y robles altos.

Después de varios minutos se me dificultó mucho observar. Casi desde que Rick era un bebé, los fuegos artificiales le fascinaron. Cuando tenía sólo tres años, allá en Santa Clara, y después, durante los dos años que pasamos en Denver, Sally y yo siempre lo llevamos a ver "los fuegos artificiales" cada cuatro de julio. Recuerdo haberlo sostenido sobre mis rodillas durante los dos primeros años. Él saltaba sin cesar mientras los cohetes subían cada vez más alto; abría tanto sus ojos azules que se formaban arrugas profundas en su frente, mientras señalaba hacia arriba con los dedos índice de las dos manos y gritaba su apreciación de cada cohete silbante, que explotaba para descargar estrellas multicolores y bolas brillantes de magnesio, al tiempo que el olor a azufre quemado y carbón llenaba el aire de verano.

Observé la celebración del municipio de Boland con luces en el cielo quizá durante veinte minutos. Fueron tal vez los veinte minutos más solitarios de mi vida. Luego, entré en la casa y me metí en la cama, con la esperanza de no despertar nunca.

Era evidente que nuestros chicos se ponían un poco más arrogantes con cada juego y siempre se hablaba del gran juego de campeonato contra los Yanquis, a pesar de que Bill y yo no dejábamos de recordarles que todavía no habían ganado nada. El martes por la tarde, todo el equipo parecía más alto que un cometa durante la práctica de bateo y bromeaban con Timothy porque llevó unos zapatos nuevos Nike de béisbol, con listas negras y rojas. Al verme se acercó corriendo.

—Mire mis zapatos, señor Harding —dijo Timothy.

—¡Están fabulosos! ¿Te gustan?

—Son bonitos —asintió con entusiasmo—. El doctor Messenger me llevó a Concord esta mañana y me los compró. ¡Dijo que mis zapatos viejos no servían para jugar pelota!

Después de decir eso se volvió y corrió hacia el jardín, sacudiendo los brazos con fuerza, aferrándose a la tierra con los pies en cada paso, como el más garboso de los corredores.

Nuestro juego contra los Piratas empezó como un verdadero duelo de lanzadores. Durante las dos primeras entradas ningún equipo pudo sacar la pelota del diamante y Paul Taylor lanzó más fuerte de lo que jamás lo había visto lanzar. Después, con la misma rapidez con la que el viento puede cambiar de dirección aquí en Nueva Inglaterra, el juego se convirtió en una contienda feroz cuando Todd y Tank batearon jonrones, uno tras otro, en la tercera entrada y nuestros otros chicos los siguieron al anotar siete más. Tony Piso y sus chicos anotaron seis cuando Paul perdió el control en la cuarta entrada, pero a pesar de todo le permití permanecer en el juego y finalmente jugó bien.

En la quinta entrada, cuando Timothy caminó hacia la base del bateador, sus compañeros empezaron a gritar: "¡Timothy, Timothy, nunca te des por vencido, nunca te des por vencido!" En seguida empezaron a aplaudir con ritmo y pronto, la multitud que se encontraba directamente atrás de nuestro *dugout* empezó a aplaudir, hasta que toda la tribuna se unió. Todos vitoreaban para que el pequeño lograra su primer tiro certero. Él lo intentó. ¡Oh, cómo lo intentó! Se veía bien bateando, intentó golpes nivelados a la pelota pero... bateó fuera tres lanzamientos y la multitud gruñó su desaprobación.

Al fin, a pesar de todo, ganamos el juego 14 a 9.

Estaba apoyado contra la cajuela de un Jaguar sedán viejo estacionado junto a mi coche en el estacionamiento y aunque no necesitaba presentarse, puesto que lo reconocí de inmediato, de todos modos, lo hizo.

–Señor Harding –dijo él. Sonrió y extendió una mano grande–. Soy el doctor Messenger. Cuando alguien me dijo que estaba estacionado junto a su coche, no pude dejar pasar la oportunidad de quedarme por aquí el tiempo suficiente para decirle lo mucho que lo admiro a usted, su valor y la manera grandiosa como maneja a su equipo. Los niños siempre reconocen a los adultos falsos y resulta obvio que los Ángeles lo respetan y disfrutan jugar para usted.

–Gracias, señor. Aprecio mucho sus palabras. Me da gusto conocer al fin al legendario doctor Messenger, después de todo lo que he escuchado sobre usted. Timothy Noble habla sobre usted con frecuencia. Es un chico con suerte al tenerle vigilándolo.

El hombre mayor cruzó los brazos, sonrió y respondió con voz profunda de barítono.

–Bueno, no sé sobre eso. Lo que sí sé con seguridad es lo afortunado que es él al jugar para un hombre como usted.

–Doctor, ¿se encuentra bien Timothy? En ocasiones me parece que pierde el equilibrio y otras veces parece como si sintiera dolor al correr, pero él dice que no está mal.

Acarició su barba blanca y larga varias veces, antes de responder.

–Él está bien. Sólo son algunos problemas de la infancia, pero lo estoy vigilando. Incluso he asistido a todos sus juegos.

–Día a día, en todos sentidos...

Él sonrió.

–El pequeño se ha aferrado en verdad a esa antigua automotivación, ¿no es así? Sólo le enseñé dos, pero parece que lo mantienen positivo y con un buen enfoque en la vida, aunque no haya producido todavía un tiro certero. Las automotivaciones son herramientas sorprendentes y poderosas. Podrían ser un tratamiento milagroso para muchos, si sólo lográramos que más personas creyeran en esa fuerza misteriosa contenida en palabras simples. Lo único que tenemos que hacer es programar nuestra mente subconsciente con pensamientos positivos y palabras y, al hacerlo, podremos lograr maravillas en nuestras vidas. Muchos de nosotros, quizá todos, hablamos con nosotros mismos durante el día, de cualquier manera, por lo tanto, ¿por qué no alimentarnos con palabras e ideas positivas que sean benéficas? "Puedo ganar. Puedo hacer el trabajo. Puedo lograr la venta" con la misma facilidad con la que digo "no puedo ganar, no puedo terminar el trabajo, nunca haré la venta". Norman Vincent Peale, W. Clement Stone, Napoleón Hill, Maxwell Maltz y muchas otras mentes grandiosas han tratado de enseñarnos esta técnica simple para cambiar nuestras vidas para bien. Las autoafirmaciones, empleadas por un hombre o una mujer para mejorar la producción, el comportamiento e incluso el pensamiento, han sido utilizadas con éxito por miles de años. ¿Sabía que Epicteto, el antiguo filósofo romano, incluso nos ofreció palabras especiales para ayudarnos a soportar la pérdida terrible de un ser amado? Epicteto dijo: "Nunca digas sobre algo, lo perdí, sino sólo lo regresé. ¿Está muerto tu hijo? Ha sido regresado. ¿Está muerta tu esposa? Ha sido regresada" –se inclinó hacia adelante y me dio unas palmadas en el hombro–. Continúe con el buen trabajo, señor Harding. Me da mucho gusto que hayamos sostenido esta charla —se volvió, abrió la puerta de su coche y yo me volví hacia el mío, incapaz de decir algo.

El juego del jueves contra Sid Marx y sus Yanquis resultó ser otra situación angustiadora, con Todd Stevenson lanzando contra el mejor de ellos, Glenn Gerston. Nadie, en ninguno de los equipos, llegó a la tercera base hasta que Justin Nurnberg bateó un doble entre el jardín izquierdo y el central que llegó hasta la cerca y entonces, él avanzó en el terreno de Paul Taylor hacia segunda. Sin embargo, nuestro hombre no llegó al *home*, por lo que tuvimos un partido sin anotación en nuestras manos al comenzar la cuarta entrada, con los mejores bateadores de los Yanquis en el plato. Todd ponchó a los dos primeros, pero después pasó a primera base al siguiente jugador. Siguió el batazo limpio de Sid, con un tiro hacia la línea del jardín izquierdo, el cual continuó elevándose hasta que desapareció por encima de la cerca y de pronto estábamos perdiendo por dos tantos. El bateador siguiente, después de fallar varios lanzamientos, bateó una bola alta hacia el jardín derecho y Bill West, sentado a mi lado, enterró la cabeza en las manos y gimió, hasta que la multitud gritó y casi todos se pusieron de pie cuando Timothy, después de atrapar bien la pelota con las dos manos, como le había enseñado, corrió hacia la banca, mientras la multitud aplaudía. Entonces miró hacia mí.

—¡Nada comparado con eso! —gritó.

Las cosas no resultaron tan productivas para Timothy cuando le tocó batear. Después de fallar varios lanzamientos logró batear al fin. En realidad ninguno de nuestros bateadores era muy potente contra Gerston y sufrimos nuestra tercera derrota contra sólo una victoria en el año contra los Yanquis.

El lunes siguiente, con Chuck Barrio en el montículo de picheo, manejamos con facilidad a los Cachorros, 17 à 5, y esa victoria aseguró el segundo lugar en la liga, lo que significaba que una semana después del sábado jugaríamos una vez más contra los Yanquis, en esa ocasión por el campeonato de la liga. Ben Rogers y Bob Murphy hicieron tres anotaciones y Tank contribuyó con otro jonrón a nuestra victoria desproporcionada. Permití que Andros, Lang y Noble jugaran las cuatro entradas finales completas y Timothy bateó dos veces, puesto que todos nuestros chicos en realidad estaban golpeando la bola. En las dos ocasiones quedó fuera y en ambas regresó a la banca con la cabeza todavía en alto. ¡Qué chico tan especial!

Cuando nuestro equipo estaba en el jardín para la sexta entrada, Bill West se acercó a donde yo estaba de pie.

–¿Ya estás enterado de lo sucedido a Timothy? –me preguntó.

–No. ¿Qué sucede?

–Bueno, los chicos me dijeron que su bicicleta está descompuesta de nuevo. En apariencia, la cadena nueva que compró su madre se rompió camino aquí hoy, por lo tanto, supongo que dejó la bicicleta vieja al lado del camino y corrió el último par de kilómetros para estar aquí a tiempo. ¿Qué te parece eso como deseo?

Después del juego, cuando cargábamos el equipo en la cajuela del coche de Bill, llamé a Timothy cuando pasó trotando.

—¿Sí, señor?

—¿Qué tal si te llevo a casa?

Suspiró, arrastró los zapatos nuevos en la arena y preguntó:

—¿Alguien le dijo sobre mi tonta bicicleta?

—Sí.

Llevábamos quizá diez minutos de camino cuando el pequeño exclamó:

—¡Este no es el camino a casa!

—Lo es para mí.

—¿Vamos a su casa? ¿Por qué?

—Espera y verás. Llegaremos en un par de minutos.

Al fin di vuelta en mi sendero, subí la pendiente, oprimí el botón de mi aparato para abrir la puerta de la cochera y esperé hasta que la puerta subió por completo y las luces se encendieron.

—Timothy, baja un minuto. Hay algo que quiero mostrarte.

Me siguió con inseguridad por la cochera y me acerqué a donde la bicicleta "Street Rocker", roja y nueva de Rick colgaba de una de las paredes, suspendida por dos ménsulas de metal grandes. Contuve la respiración, levanté las dos manos para tocar las dos llantas y sentí alivio al notar que estaban duras. Entonces, tomé el cuadro con las dos manos y levanté de la pared el último regalo de cumpleaños de Rick. La coloqué sobre el piso de concreto, frente a Timothy.

—Es tuya —dije—. No proporciona alegría a nadie colgada allí y estoy seguro que Rick querría que la tuvieras, si te conociera.

147

Las dos manos pequeñas de Timothy se deslizaron despacio sobre el manubrio cromado y por el cuadro polvoso, pero brillante.

–Es nueva, señor Harding.

–Sí, casi.

–¿Es mía para siempre o sólo hasta que termine el béisbol?

–Es tuya para siempre.

–¡Vaya! –exclamó–. La cuidaré bien, honestamente, lo haré.

–Sé que lo harás. Ahora está casi oscuro, por lo tanto, vamos a poner la bicicleta en mi cajuela y te llevaré a casa. Mañana podrás empezar a montarla, ¿de acuerdo?

Asintió con entusiasmo.

–Es la primera bicicleta nueva que he tenido, señor Harding.

Cuando nos detuvimos cerca de la casa de Timothy, la luz exterior no se encendió.

–Creo que mi mamá todavía no regresa a casa del trabajo. Su coche no está aquí.

Saqué la bicicleta de la cajuela y la apoyé contra el costado de la casa, donde faltaban tablas.

–¿Estarás bien? –pregunté.

–Oh, sí, mi mamá llegará pronto a casa. ¿Sabe lo que ella prometió, señor Harding?

–No. ¿Qué?

–Ella dijo que si jugábamos en el campeonato el próximo sábado, tomaría el día libre aunque su jefe se enfadara con ella e iría a verme jugar. ¿No será bonito?

–Por supuesto que lo será.

–Ella nunca me ha visto jugar. ¿Sabe qué? Tal vez haga una buena jugada en ese juego, mientras ella observa.

–Eso espero, Timothy. Ahora, no olvides el juego del miércoles por la noche, el último antes del importante. Jugaremos contra los Piratas y en ese juego podemos empezar todos a prepararnos para la pugna del campeonato. ¿De acuerdo? Te veré el miércoles.

–Sí, señor. Gracias, señor Harding. Gracias.

Supongo que nuestros chicos ya anhelaban el juego de campeonato contra los Yanquis, a una semana del sábado, porque estuvieron terribles en su juego final contra los Piratas. Puse a Todd a lanzar durante tres entradas y a Paul Taylor otras tres para que mis dos ases estuvieran preparados para el juego importante; sin embargo, el equipo como un todo jugó mal y creo que logramos una victoria de 11 a 10 porque los Piratas, seguros de que quedarían terceros en las finales de la liga sin importar el resultado de nuestro juego, jugaron como si no les importara.

Como teníamos nuestro lugar en el juego de campeonato, permití que Timothy jugara en las seis entradas completas, con la esperanza que lograra ese batazo que tanto deseaba. Bateó una bola baja hacia el lanzador en la segunda entrada, pero falló las otras dos veces que bateó.

El parque y el estacionamiento estaban casi vacíos cuando Bill y yo recogimos el equipo de béisbol y lo apilamos en la cajuela de su coche. Ya con el crepúsculo encima, me acerqué a mi viejo amigo, extendí mi mano y dije con voz suave:

–Nunca podré pagarte lo que has hecho por mí.

Bill inclinó la cabeza y frunció el ceño.

–¿Qué dices, John?

–Regresaste a mi vida justamente en el momento preciso. Me diste algo por qué preocuparme, en qué pensar, por qué vivir... los Ángeles. Tú y esos chicos maravillosos me devolvieron la vida cuando ya no la quería. Dios te bendiga.

Nos abrazamos y nos dimos las buenas noches. Sin embargo, cuando yo estaba quizá a veinte pasos y caminaba hacia mi coche, Bill me llamó y yo me volví.

–Tal vez todos contribuimos un poco, John –dijo él–, pero será mejor que no olvides dar las gracias a nuestro Ángel más pequeño. Él nos ha enseñado a todos cómo enfrentar la vida, día a día.

No recuerdo cuánto tiempo estuve sentado en mi auto antes de dar vuelta a la llave y encender el motor.

XIII
❋❋❋

Durante lo que pareció una semana agonizantemente larga antes del juego por el campeonato, el sábado por la tarde, tuvimos dos sesiones de práctica para nuestros Ángeles el lunes y el miércoles por la tarde, mientras Sid Marx ponía a practicar a sus Yanquis el martes y el jueves. Nos concentramos en lo básico, especialmente en batear, y aunque los chicos estaban muy animados no podía decir lo mismo respecto a Bill y a mí. Después del juego final de la temporada regular, nos enteramos por la madre de Paul Taylor que él no estaría disponible para el campeonato. Los Taylor habían hecho planes y reservado habitaciones de hotel casi un año antes, para llevar a Paul a las islas Bermudas, para que disfrutara dos semanas de golf y de buceo; por desgracia, su partida estaba programada un día antes del gran juego. Como dijo la madre de Paul: "¿Quién iba a saber hace diez meses, que nuestro hijo iba a ser necesitado para ayudar en un juego de béisbol... el juego por el campeonato?" Sin embargo, antes de la práctica del lunes, el papá de Paul se acercó sonriente a Bill y a mí con la alegre noticia de que había logrado posponer sus vacaciones por una semana, así como cambiar las fechas de la reservación de la familia en el exclusivo hotel Sonesta Beach. ¡Un milagro! Ni Bill ni yo podíamos creer en nuestra buena suerte.

El gran juego estaba programado para que empezara a las dos de la tarde el sábado, pero cuando llegué, poco antes de la una, las tribunas estaban casi llenas y la gente empezaba a abrir sus sillas plegables en los terrenos de *foul* del jardín izquierdo y derecho, una costumbre que en apariencia fue iniciada muchos años antes para la pugna anual por el campeonato. En las tribunas, para añadir al sabor y ambiente especial del béisbol en una tarde cálida de verano, dos vendedores vestidos de blanco ya estaban ocupados vendiendo barras de helado y cajas de palomitas de maíz. Detrás de la base del bateador, George McCord hacía todo lo posible para lograr que la multitud se contagiara del espíritu del día tocando por los altavoces marchas colegiales, con el volumen un poco más alto que de costumbre.

Bill me vio tan pronto crucé la abertura de la cerca y entré en el campo. De inmediato se acercó corriendo.

—Un par de cosas, John —dijo, mientras se secaba el sudor de la frente—. Allí, detrás del *home* —añadió sin mirar en esa dirección—, están unos reporteros del *Concord Monitor* y del *Manchester Union Leader*.

—¿Para un juego de la Liga Infantil? ¡Esto no es por el campeonato del estado, por amor de Dios!

—No. Dijeron que estaban aquí para observar cómo un ejecutivo de un billón de dólares dirige a un puñado de chicos de menos de trece años.

—¡Fabuloso! Justamente lo que necesitaba.

—Son hombres agradables. No hay por qué preocuparse.

Miré alrededor del campo de juego. Ya habían llegado cuatro Ángeles. Tony Zullo jugaba a lanzar y atrapar con Timothy, y Paul Taylor lanzaba bolas bajas que Justin le enviaba desde su posición de primera base.

—¿Qué otra cosa querías decirme, Bill?

—Bueno, pensé que te gustaría saber que la madre de Timothy vino. Está sentada en la primera fila de asientos, detrás del *dugout* de la tercera base, con el doctor Messenger. Tiene puesta una playera blanca y un sombrero color de rosa.

—Ya la veo. Gracias Bill.

Me acerqué a la tribuna, me quité la gorra de béisbol de los Ángeles y extendí la mano derecha.

—Señora Noble... doctor... Me da gusto que ambos estén aquí. Sé que esto significa mucho para Timothy.

La señora Noble sonrió y asintió.

—Nada podría mantenerme ausente hoy, señor Harding. Nada. Espero que ganen.

—Gracias. Doctor, me da gusto verlo de nuevo.

El hombre mayor asintió y estrechó mi mano.

—Es mutuo, señor. Señor Harding, podría por favor refrescar mi memoria que falla. ¿Estoy en lo cierto acerca de que Timothy tiene que lograr todavía su primer tiro bueno de la temporada?

–Sí. Lamento decir que es verdad.

El hombre mayor se quitó su sombrero viejo de vaquero y lo miró.

–Entonces este juego es su última oportunidad.

–Sí, eso me temo, al menos por este año y no será fácil. Los Yanquis nos pondrán a su lanzador estrella y es muy difícil que alguien batee con él.

–Bueno –habló con suavidad–, le deseo lo mejor para su equipo y supongo que tendremos que orar mucho más cuando nuestro joven llegue a la base del bateador.

–Gracias –dije y me volví hacia el campo, cuando las estrofas familiares de "Notre Dame Marching Song" hicieron eco a través del parque de pelota.

Sobre una mesa plegable de bridge, detrás de la malla gruesa de protección del *home*, Stewart Rand y Nancy McLaren habían colocado veinticuatro trofeos que brillaban bajo el fuerte sol, cada uno era una pelota de béisbol dorada, montada en una base cuadrada de madera, la cual tenía una placa chica de metal que ya estaba grabada con el nombre de cada jugador, el del equipo y las palabras JUEGO DE CAMPEONATO DE LA LIGA INFANTIL DE BOLAND. En nuestra liga no había perdedores.

Finalmente, dos árbitros se acercaron al *home* y nos llamaron a Sid y a mí. El hombre alto, Jake Laughlin, sería el *umpire* del *home* y el otro *umpire* con camisa azul en las bases era Tim Spelling.

–Caballeros –dijo Laughlin con voz ronca–, este es el único juego de la Liga Infantil que se juega aquí en la temporada, donde el equipo de casa no es designado por el programa de la liga. Señor Marx, voy a lanzar esta moneda al aire. Mientras esté en el aire, ¿quiere pedir por favor cara o cruz?

En este lanzamiento no hay opciones. El que gane el lanzamiento será considerado el equipo de casa, bateará al final y tendrá el *dugout* de tercera base, ¿entendido?

Ambos asentimos y mientras la moneda todavía estaba arriba de nuestras cabezas, Sid gritó: "¡Cruz!"

Otro golpe de buena suerte. El perfil familiar de Jorge Washington nos miró. Mis Ángeles batearían al final. Por fortuna, nuestros chicos ya habían dejado la mayor parte de su equipo y guantes en el *dugout* de la tercera base, como si no temieran tentar al destino. Por lo tanto vitorearon felices cuando les dije que podían quedarse allí y que éramos los últimos para batear. Después de que todos estuvieron sentados, menos Todd, quien calentaba detrás de nuestro *dugout*, caminé despacio de un lado al otro de nuestra banca con las manos en los bolsillos posteriores y me incliné un poco para poder mirar los ojos de cada niño.

—Bueno, lograron llegar al gran juego —dije al fin—; cada uno de ustedes debe estar orgulloso de la parte importante que tuvo en el éxito de los Ángeles. Ahora, sólo tengo una cosa que decirles a todos ustedes. Sí, este es el gran juego, pero deseo que todos se diviertan hoy. De eso se trata todo esto. El estar aquí hoy es su recompensa por el esfuerzo de toda la temporada, pero las recompensas no son muy buenas si no pueden reír, sonreír y disfrutarlas. Recuerden, el sol volverá a salir mañana, ya sea que ganen o pierdan, y sus mejores años están todavía por delante. Por supuesto sería bonito ganar, pero esto no es un asunto de vida o muerte. Es sólo un juego de pelota, por lo tanto, permanezcan relajados, disfruten el día y recuerden lo que Timothy Noble nos ha dicho durante toda la temporada –señalé hacia el pequeño–. Recuérdaselos una vez más, Tim.

Se puso de pie, levantó los brazos pequeños por encima de la cabeza, apretó los puños diminutos y gritó:

–¡Nunca se den por vencidos, nunca se den por vencidos, nunca se den por vencidos!

El *umpire* movió las manos hacia los dos *dugouts* y señaló las líneas de *foul* que se extendían desde la base del bateador. Los Ángeles corrieron hacia el campo y tomaron sus posiciones en una sola fila junto a la línea de *foul* de la tercera base, mientras los Yanquis hicieron lo mismo a lo largo de la línea de la primera base, ambos equipos cerda del *home*. Después de una ejecución animada del himno nacional que George McCord tocó por los altavoces, Todd caminó hacia el montículo de lanzamiento, pero esta vez, como se arreglara previamente, fue acompañado por el as de los Yanquis, Glenn Gerston, y juntos dirigieron a los demás para recitar la Protesta de la Liga Infantil. En seguida, el *umpire* del *home* levantó su careta bastante arriba de su cabeza y nuestros Ángeles saltaron desde el *dugout* gritando: "¡Nunca se den por vencidos, nunca, nunca, nunca!" mientras corrían hacia sus posiciones en el campo.

El juego anual número cuarenta y cuatro del Campeonato de la Liga Infantil de Boland estaba a punto de empezar.

Seguí la sugerencia de Bill West y le pedí a Todd Stevenson que calentara al menos durante diez minutos más que de costumbre, para prepararse para un juego, y el rubio y alto muchacho fue más rápido de lo que jamás lo había visto. Abrió el juego sacando a los dos primeros Yanquis que lo enfrentaron. Después pasó a primera base al tercer bateador, antes que el cuarto bateador de los Yanquis bateara un doble al fondo del jardín izquierdo y los Yanquis tuvieran de pronto corredores en segunda y tercera y bateara su lanzador, Gerston. Todd trabajó con cuidado con su oponente, hasta que la cuenta fue tres bolas y dos *strikes* antes de que Gerston bateara una bola rápida con fuerza entre primera y segunda y quedáramos de pronto atrás por dos carreras, antes de lograr el *out* final de la entrada.

En nuestra mitad de la primera entrada, a pesar de que Tony Zullo llegó a primera base, Justin y Paul batearon bolas bajas fáciles hacia el diamante y Todd no logró golpear la pelota después de batear dos bolas por encima de la cerca del jardín izquierdo, ambas fuera.

Logramos retirar del orden a los Yanquis en la segunda entrada, pero ellos hicieron lo mismo con nosotros después que Tank y Charles Barrio caminaron a primera. Una oportunidad desperdiciada. Entonces, como planeáramos Bill y yo, entraron nuestros otros tres Ángeles a la alineación al final de la tercera entrada. Chris Lang remplazó a Tony Zullo en segunda, Dick Andros se fue al jardín izquierdo y substituyó a Bob Murphy, mientras que Timothy Noble corrió hacia el jardín derecho para remplazar a Jeff Gaston.

Sid Marx también hizo varios cambios. Su marcador y Bill intercambiaron los nombres de cada sustituto del equipo, cerca del *home*, después que ambos notificaron al marcador oficial del juego, quien estaba sentado ante otra mesa plegadiza, junto a Nancy y a los trofeos, detrás de la malla protectora de alambre.

El primer bateador de los Yanquis en la tercera entrada bateó una de las bolas rápidas de Todd hacia la línea de la tercera base, apenas adentro. Todavía no sé cómo nuestro Paul Taylor logró atrapar la bola, pero lo hizo y logró un lanzamiento sensacional antes de caer al suelo. La multitud se puso de pie, aplaudió y vitoreó al menos durante cinco minutos, antes que los dos *umpires* se dirigieran al montículo de lanzamiento y levantaran los brazos, antes que los aficionados apreciadores ocuparan con pesar sus asientos. Había sido uno de los mejores juegos de béisbol que había visto. Todd ponchó al bateador siguiente y el equipo fue retirado cuando su larguirucho receptor bateó una bola alta hacia el jardín central, la cual atrapó con facilidad Charles Barrio. Hasta el momento, los dos equipos habían jugado sin error, a pesar de la presión del campeonato, pero los Yanquis nos aventajaban por dos carreras cuando nos tocó batear al final de la tercera entrada.

De pie detrás de la tercera base, en el puesto de dirección, empezaba a sentirme un poco desesperado. Gerston lanzaba un gran juego y no mostraba ningún signo de debilidad. Necesitábamos forzar un cambio de alguna clase. Cuando nuestro primer bateador, Chris Lang, caminaba hacia el *home*, le di la señal de un tiro suave cuando miró en mi dirección. Dejó pasar la primera lanzada por un *strike*, después, bateó un tiro suave casi perfecto hacia la línea de la tercera base, pero no fue suficientemente bueno. Quedó fuera sólo por medio paso. Justin

Nurnberg era nuestro siguiente bateador. Estuve tentado a indicar otro tiro suave, pero no lo hice. Bateó un drible lento hacia la derecha del lanzador, el cual Gerston paró con facilidad, a tiempo para atrapar a Justin de nuevo a no más de medio paso. Paul Taylor miró en mi dirección con ansiedad al colocarse en el plato. No le hice ninguna señal. Fue algo bueno. ¡Atrapó el segundo lanzamiento de Gerston, una bola rápida interna y la bateó alto, por encima de la cerca del jardín izquierdo y fue un jonrón! Todd era el siguiente bateador y bateó con fuerza hacia el centro, pero la bola no fue lo suficientemente larga y la entrada terminó con los Yanquis a la cabeza todavía, dos a uno.

En la cuarta entrada, Todd parecía lanzar todavía con mayor fuerza que durante las entradas anteriores. Ningún bateador de los Yanquis sacó la pelota del diamante. Tres arriba, tres abajo.

–Kimball, Barrio y Andros –dijo Bill en voz alta anunciando a nuestros tres primeros bateadores programados, cuando los Ángeles entraron en el *dugout*–. ¡Vamos a vencerlos, chicos! ¡Ahora! ¡Gran entrada! –gritó recorriendo el *dugout* y dando una ligera palmada a cada Ángel en la parte superior de la gorra.

–¡Nunca se den por vencidos! –gritó Timothy y de inmediato los demás gritaron con él–. ¡Nunca se den por vencidos, nunca se den por vencidos!

Tank fue el primero y llegó a primera base. De haber sido otro chico que no fuera Tank, yo habría tratado de moverlo a la base siguiente una bola suave de sacrificio, pero el robusto chico era demasiado lento, por lo tanto bateó Charles Barrio. Bateó una bola baja fuerte hacia el *shortstop*, quien la atrapó con limpieza y la lanzó al jugador de segunda base, quien a su vez se volvió y la lanzó a primera. ¡Doble *play*! Siguió Dick Andros con un golpe fuerte y todavía llevábamos una sola carrera al llegar a la quinta entrada.

Mientras el primer bateador programado de los Yanquis durante la quinta entrada seleccionaba su bate en la rejilla, Sid pasó corriendo cerca de nuestro *dugout*, camino al puesto de dirección de la tercera base.

—¡Hey, John! —gritó.

—¿Sí, Sid?

—Esto no podía estar mejor, ¿no es así? ¡Fabulosos chicos! ¡Los dos equipos!

Sonreí y asentí.

El primer bateador de los Yanquis intentó un golpe suave, pero lanzó la pelota por el aire y Todd la atrapó con facilidad. El siguiente bateador, un zurdo bajo y muy musculoso que jugaba en primera base para el equipo de Sid, dejó pasar dos veces la bola antes de girar ante un lanzamiento interno y batear con fuerza hacia el jardín derecho, directamente hacia Timothy.

—¡Oh, no! —escuché que gritaba Bill, pero Timothy levantó su guante por encima de la cabeza, giró sus pies un poco para que su pie derecho fuera un puntal para su pequeño cuerpo y el sonido de la pelota al golpear su guante nuevo pudo ser escuchado en todo el parque, el cual se había quedado momentáneamente muy quieto. Cuando la multitud comprendió que Timothy había atrapado la pelota se puso de pie y vitoreó. Timothy sólo sonrió y asintió mientras lanzaba la pelota a Justin en la primera base. El siguiente Yanqui quedó fuera y ahora les tocaba batear a los Ángeles. Los primeros tres bateadores, de acuerdo al anuncio de Bill, serían Rogers, Noble y Lang.

Glenn Gerston no mostraba indicaciones de cansancio y todavía lanzaba *strikes* para los Yanquis. Sin embargo, nuestro Ben Rogers nos sorprendió. Logró que marcaran dos bolas y dos *strikes*, antes de alcanzar una bola rápida a la altura de la cintura y batearla hacia el centro del jardín izquierdo, entre los jardineros. Aunque yo sabía que la jugada estaba perdida puesto que el jardinero central ya había atrapado la bola, le indiqué a Ben que se moviera hacia mí; se acercó a la segunda base y yo contuve la respiración cuando el corredor y la pelota llegaban a la tercera base. Ben hizo un desliz curvo y la barrida del guante del jugador de tercera base, que sostenía la bola, no logró tocar su pie derecho. "¡A salvo!" gritó el *umpire* y las tribunas gritaron y silbaron mientras Timothy Noble caminaba despacio hacia el *home*, ¡con la carrera del empate a sólo dieciocho metros de distancia!

El pequeño se detuvo, quizá a tres metros del *home*, recogió un puñado de tierra y frotó sus manos con ella. Se volvió y miró hacia mí. Le hice la señal de "batear" y asintió. En seguida, se colocó en el puesto de bateo muy despacio, subió sus pantalones, tiró de la visera de su gorra y asumió la postura para batear. Fue entonces cuando Bill West y yo atestiguamos algo que nunca antes habíamos visto, ni siquiera durante nuestros días de juego. Todos los Ángeles estaban de pie y se inclinaban hacia adelante, con los codos en la parte superior del muro del *dugout* y miraban con intensidad a Timothy. ¡En silencio! ¡En silencio absoluto; casi como si todos oraran! De pronto, también toda la tribuna quedó muy callada, tanto, que incluso se podía escuchar el silbido del tren en la distante Concord.

Timothy movió su bate varias veces, en espera. Gerston miró a Ben, quien estaba de pie en la tercera base, antes de hacer un movimiento elaborado y lanzar una bola lenta a Timothy, que casi flotó en su camino hacià el *catcher*. Timothy sonrió y se salió del puesto del bateador. ¡Bola uno!

Otra vez en el puesto, Timothy acomodó su bate, se agachó y esperó. El siguiente lanzamiento de Gerston fue una bola rápida, justamente al centro. Timothy la dejó pasar. ¡*Strike* uno! El siguiente lanzamiento fue otra bola rápida. ¡*Strike* dos! Me volví y miré a la señora Noble y al doctor. Ambos tenían la mirada fija en sus propias manos, como si no pudieran obligarse a observar la acción en el *home*. El lanzamiento siguiente fue otra bola lenta que Timothy ignoró. Salió del puesto de bateo. Bola dos. ¡Ahora la cuenta era dos y dos! Timothy se movió despacio hacia el puesto de bateo, golpeó su bate contra la base, lo colocó detrás de su hombro y esperó. El lanzamiento de Gerston, después de otro movimiento circular prolongado estuvo a la altura del cinturón y se dirigió al centro del *home*. Timothy bateó. ¡Su bate hizo contacto sólido! La bola rebotó en el césped una vez, hacia la izquierda de Gerston, después corrió por la superficie no sembrada entre la primera y segunda bases, eludió apenas el guante arrollador del jugador de primera base, rodando con mayor lentitud cada vez hacia el jugador del jardín derecho, quien corría para atrapar la pelota. ¡Ben Rogers anotó la carrera del empate con facilidad desde la tercera base y Timothy se encontraba de pie orgullosamente con los dos pies en la primera base! Su rostro tenía una expresión que nunca olvidaré, sonreía ampliamente y levantaba triunfante su gorra arriba de su cabeza. Me miró y sacudió la mano, entonces se volvió y movió la mano hacia su madre y el doctor, quienes estaban de pie y aplaudían junto con todos los demás en el parque.

¡Ahora batearían nuestros mejores bateadores, los tantos estaban empatados y no había *outs*! Sid Marx pidió tiempo y caminó despacio hacia el montículo del lanzador para hablar con Glenn y su jugador de defensa. Mientras esperábamos regresé a nuestro *dugout* desde mi puesto de dirección en tercera base. Nuestro siguiente bateador, Chris Lang, esperaba para entrar en el puesto de bateo, pero corrió para reunirse con Nurnberg, Taylor y Stevenson, que me rodearon.

—Chicos —dije—, creo que ya lo tenemos. Muevan esos bates bien y relájense, como lo han hecho todo el año, pues algo me dice que ganarán un campeonato. Entonces podrán tener libre el resto del verano, ¿de acuerdo? Sin podar el césped, sin cuidar el jardín familiar, sin tareas. ¿Qué les parece?

Todos sonrieron y asintieron, cuando el *umpire* del *home* exclamó:

—Vamos a jugar, caballeros, ¿qué dicen?

Sid le dio unas palmadas en el hombro a su lanzador y corrió hacia el *dugout*.

Chris Lang tomó su lugar en el puesto de bateo en el momento en que el *umpire* se puso la careta y gritó:

—¡Juego!

Lang movió el bate ante el primer lanzamiento y

bateó una bola curva alta hacia el jardín izquierdo que fue atrapada. Un *out*. Timothy Noble, nuestro primer corredor, todavía estaba en primera base.

Justin Nurnberg parecía demasiado ansioso. Trató de batear los dos primeros lanzamientos a pesar de que estaban mucho más abajo de sus rodillas, pero el tercer lanzamiento estaba a la altura de su barbilla y lo bateó hacia el jardín derecho para un sencillo, por lo que Timothy avanzó a segunda base. El siguiente bateador, Paul Taylor, anotó tres bolas y dos *strikes* antes de batear una bola baja con fuerza hacia la segunda base, pero el único juego fue a primera, por lo que Timothy avanzó a tercera base y Justin pasó a segunda, por ello, cuando Todd Stevenson llegó a batear había dos jugadores en base.

Todd intentó batear con fuerza los dos primeros lanzamientos y falló ambos. En seguida salió del puesto de bateo, inhaló profundo varias veces, regresó al puesto y bateó el siguiente lanzamiento de Gerston por encima de la segunda base para un sencillo, Timothy hizo una carrera y Justin avanzó a la tercera base. Por desgracia Tank quedó fuera al batear una bola curva hacia el jardín derecho al final de la quinta entrada, pero ahora íbamos a la cabeza por primera vez, estábamos a sólo tres *outs* para ganar el campeonato de la liga y ¡Timothy Noble había bateado la carrera del empate, además de anotar la carrera que nos ponía a la cabeza!

Cuando nuestro equipo tomó el jardín acompañé a Todd hasta el montículo de lanzamiento.

–¿Cómo está el brazo, campeón? –pregunté y traté de no parecer preocupado.

Él asintió y secó el sudor de su frente.

—Está bien. Bien.

Le froté con suavidad el hombro derecho.

—¿Tiene tres *outs* más allí?

Él asintió de nuevo, sin sonreír.

—Está bien. Honestamente.

El primer bateador de los Yanquis llegó a la cuenta de tres y dos antes de batear una bola curva alta hacia el jardín izquierdo. ¡Un *out*! Entonces Todd dio la primera base al siguiente bateador con cuatro lanzamientos. El siguiente quedó fuera al no batear. Necesitábamos sólo un *out* más, pero lo mejor de la alineación de los Yanquis estaba por jugar. El primer jugador bateó cuatro bolas fuera de la línea del jardín izquierdo, antes de que finalmente Todd le diera la primera base. ¡Ahora los Yanquis tenían la carrera del empate en segunda base y la carrera del triunfo en primera!

Bill West, sentado a mi derecha, dijo en voz baja:

—Jefe, creo que debes ir allí y tener una pequeña charla con nuestro hombre en este momento.

Me puse de pie, pedí "tiempo" y caminé despacio hacia el montículo. Todd, con la espalda hacia el *home*, tenía la mirada fija en el suelo y golpeaba en forma incesante su guante contra el muslo derecho.

—¿Cómo te sientes, compañero? —pregunté.

—Bien, bien.

—¿Tal vez un poco preocupado?

—No. Estoy bien, honestamente.

—Este chico que viene es bastante bueno con el bate. ¿Puedes derrotarlo?

Sólo asintió. Le di una palmada en el hombro y corrí hacia el *dugout*.

Todd se colocó en la lomita, se volvió, dirigió una mirada rápida al corredor en segunda base y lanzó con rapidez una bola veloz a la altura del cinturón, hacia el centro de la base.

—¡*Strike* uno!

Tank tomó la pelota de su manopla de *catcher*, la movió por encima de su cabeza y la lanzó de vuelta a Todd. Sin el movimiento circular del brazo, Todd colocó de inmediato su pie izquierdo y lanzó el segundo lanzamiento a un bateador y un *catcher* muy sorprendidos.

—¡*Strike* dos!

Bill se volvió hacia mí y sonrió.

—¿Ves lo que Todd está haciendo, John? Teme que lo saques del juego, por lo que trabaja con la mayor rapidez posible para sacar a los Yanquis, antes de que saques a otro de esta banca y lo remplaces.

Tank, al comprender también lo que se proponía su compañero, en esta ocasión se acomodó para atrapar la bola antes de lanzarla a Todd. Una vez más, Todd lanzó con rapidez, sin el movimiento circular del brazo, su bola rápida hacia el corazón de la base.

—¡*Strike* tres!

¡*Ganamos!*

Nuestros chicos silbaron y gritaron mientras corrían hacia el montículo del *pitcher*, donde Todd fue levantado sobre los pequeños hombros y paseado con orgullo por las bases, mientras los Ángeles cantaban. "¡Nunca nos damos por vencidos, nunca nos damos por vencidos!" Toda la multitud estaba ahora de pie y aplaudía. Entonces, cuando el equipo se acercó a la tercera base, otro chico fue levantado de pronto junto a Todd... ¡Timothy! Con los puños cerrados levantó sus pequeños brazos y los bajó al sentir que sus compañeros lo levantaban tan alto como podían.

Cuando los Ángeles llegaron al fin al *home* bajaron a sus dos héroes mientras la multitud, de pie, continuaba vitoreando, silbando y aplaudiendo lo que pareció una eternidad.

Al fin, los dos equipos formaron una fila para recibir sus trofeos. Primero los Yanquis y después los Ángeles, mientras por los altavoces se escuchaba "Sueño Imposible". Yo me paré al final de la fila de los Ángeles, para recibir las felicitaciones obligatorias y para estrechar la mano de Stewart Rand; de pronto recordé dónde y cuándo había escuchado por última vez esa canción: mientras estaba ante el micrófono en el estrado del parque de Boland, esperando dirigirme a la gran multitud que se había reunido para dar la bienvenida a Sally, a Rick y a mí.

Más tarde, cuando las sombras aumentaban y me preparaba para irme del parque, Timothy se acercó corriendo hacia mí, todavía llevaba su trofeo.

—Señor Harding, una vez más gracias por todo. Por mi bicicleta, mi guante y toda su ayuda. Se lo agradezco de veras.

Extendí los brazos y lo levanté al tiempo que enterré mi cabeza en su pequeño pecho. No debí hacerlo, pues empecé a sollozar.

—No tienes que darme las gracias, Timothy. Yo te las doy. Has hecho mucho más por mí de lo que yo hice por ti.

—¿Lo hice? —preguntó. Era evidente que estaba perplejo.

—Sí, lo hiciste y te amo.

–Yo también lo amo, señor Harding –levantó su trofeo–. Gracias a usted ahora soy un verdadero campeón.

Le besé las dos mejillas y lo coloqué en el suelo.

–Siempre has sido un campeón, Timothy. Siempre.

XIV
❧❧❧

A pesar de que todavía estaba excitado por nuestra victoria, no tuve dificultad para quedarme dormido una vez que mi cabeza tocó la almohada el sábado por la noche. Por supuesto, no tenía ningún plan para el domingo. Sin embargo, a la mañana siguiente, desperté poco después que salió el sol, tomé una ducha, me afeité, me vestí, desayuné ligero y después conduje hacia el Cementerio Maplewood. Estacioné el coche en un sendero angosto, a poca distancia de la tumba de Sally y de Rick. Césped fresco, recién podado, cubría siempre su lugar de descanso, pero a una corta distancia, como un recordatorio hiriente, estaba un rectángulo angosto de tierra gris suelta sobre una tumba reciente cubierta con varias coronas florales desteñidas y cestos que contenían flores marchitas.

Me arrodillé con lentitud y después me senté

sobre el césped con las manos unidas sobre mis piernas, como si me relajara en un parque y esperara que alguien abriera un cesto con comida y empezara a pasar refrescos y emparedados. Todavía era temprano, por lo que quizá yo era el único visitante humano en el cementerio. Los únicos sonidos los producían varios pájaros en un viejo arce cercano. Cerré los ojos y traté de recordar plegarias que mi madre me había enseñado mucho tiempo antes. Al decirlas vacilante y en silencio me envolvió una paz dichosa, que hacía recordar esa sensación maravillosa de relajamiento que siempre disfrutaba al llegar a casa tarde de la oficina, dominado por una presión tal que mis nervios estaban a punto de estallar, y Sally insistía en que me recostara en el sofá de la sala con la cabeza en sus piernas, para que pudiera acariciar mis sienes y mi frente con sus manos suaves y gentiles.

Con los ojos todavía cerrados me escuché decir:

—Cariño, lamento no haber venido antes, pero sé que tú y Rick comprenden. No podía aceptar la verdad de que los cuerpos de ustedes estaban aquí, en la tierra. Sin embargo, ahora empiezo a sentir que casi toda la compasión por mí mismo empieza a desaparecer y que estoy listo para enfrentar de nuevo el mundo... incluyendo... incluso ese empleo en Concord que iba a significar tanto para nosotros tres y nuestro futuro. Pienso que principalmente le debo al recuerdo de ustedes dos continuar con mi vida, por lo tanto, ¿rezarán los dos por papá, por favor? Voy a necesitar todo el apoyo que pueda conseguir en los días y semanas por venir.

Me puse de pie y empecé a alejarme antes de volverme y decir con voz suave:

—Oh, a propósito, lamento que todavía no haya lápida aquí. No hay excusa para eso. Haré algo al respecto mañana, lo prometo.

El lunes por la mañana hice dos llamadas telefónicas, las cuales produjeron citas. Después de pasar casi dos horas con una paciente vendedora en Concord Monument Company y elegir al fin una lápida sencilla de granito rojo, almorcé en el comedor de ejecutivos de Millennium Unlimited con mi buen amigo Ralph Manson, quien me había estado remplazando como presidente de Millennium. Otros tres ejecutivos de la compañía, incluyendo a Larry Stephenson, director financiero, también se reunieron con nosotros por invitación mía. Todos parecían en realidad contentos (contentos e impresionados, supongo) al escuchar que regresaría a la compañía.

El día siguiente al Día del Trabajo, gracias a la cooperación incansable de Ralph y a largas horas de reuniones, asumí el mando de nuevo. Millennium estaba casi lista para introducir un nuevo y poderoso programa procesador de palabras llamado Concord 2000, en el que había estado trabajando nuestra gente más brillante mucho antes que yo me uniera a la compañía, por lo que el momento de mi regreso no era el mejor para el bien colectivo. Sin embargo, nadie dejó de sonreir y todos trabajaban un poco más tarde y con más ahínco cada día. Ralph, bendito sea, estuvo dispuesto incluso a desprenderse de Bette Anton, quien había sido mi secretaria y brazo derecho cuando me uní a la compañía, y que funcionó en esa misma capacidad para Ralph. Con la ayuda de Bette logré sobrevivir mis primeras semanas al regresar al trabajo y las largas horas no me molestaron en nada, puesto que ahora

nadie me esperaba en casa. Es probable que traba-
jara un promedio de quince horas al día, incluyendo los sábados, hasta que al fin introdujimos Concord 2000 en una exposición de software en Las
Vegas, a principios de noviembre. La crítica fue
extraordinaria y me aseguré que aquellos que habían trabajado tanto en el proyecto fueran recom-
pensados con promociones y aumentos, en especial Ralph, a quien nombré mi director de opera-
ciones.

Una noche, siguiendo la misma rutina que tuviera durante muchas semanas, llegué a casa poco
después de las nueve, recogí la correspondencia del
buzón, conduje hacia mi cochera, preparé una taza
de té en la cocina y caminé por el pasillo con la taza de té, la correspondencia y el cartapacio hasta el
estudio, donde abriría los sobres, revisaría lo que
llevé a casa de la oficina y que necesitaba leer y
escucharía mis mensajes telefónicos, si había alguno. Esta noche en particular, di un trago grande de
té y después oprimí el botón de reproducción debajo de la luz roja que parpadeaba con lentitud en
mi contestadora telefónica. La voz familiar del doctor Messenger decía:

–Señor Harding, en verdad es un hombre difícil
de localizar. Le he estado llamando por teléfono
desde hace una semana y confieso que he colgado
cuando responde su contestadora telefónica. No es
una crítica a su aparato de mensajes, sino a mi
temor de tratar con estos artefactos modernos. Sin
embargo, al fin decidí que lo que tengo que decir
es más importante para mí que el arriesgarme a
hacer un papelón con esta... grabación. Señor, son
un poco más de las siete de la noche cuando pro-

nuncio estas palabras y le pido un favor. Por favor, sin importar la hora en que regrese a su casa esta noche, llámeme por teléfono. Es sumamente importante o si no, le aseguro que no lo molestaría. Mi número telefónico es 223-4575. Gracias.

—¿Sin importar a que hora regrese a casa...? —Eso fue suficiente parar mí. Marqué su número y contestó a la primera llamada.

—Doctor, soy John Harding. Acabo de llegar y recibí su mensaje.

—Le agradezco mucho responder a mi llamada. Ahora, ¿puedo pedirle otro favor?

—Por supuesto.

—Estoy seguro que ha tenido un día largo y agotador, pero ¿qué tan cerca está de irse a la cama?

—Oh, supongo que estaré levantado otra hora más, aproximadamente.

—Señor, vivo a diez minutos de distancia. ¿Abuso de nuestra amistad al preguntarle si puedo ir a visitarlo para compartir un asunto que creo estará de acuerdo en que es de gran importancia? Le prometo que no le quitaré mucho tiempo.

Observé el auricular durante quizá diez segundos antes de responder.

—Por supuesto, doctor, venga. Le encenderé la luz de afuera.

La línea quedó muerta. Él ni siquiera esperó para darme las gracias.

Como el timbre de la puerta todavía no funcionaba, vigilé por una de las ventanas de la sala hasta que vi las luces de un coche que se acercaban por el sendero. Antes que él pudiera tocar el timbre abrí la puerta principal y extendí mi mano derecha.

—Bienvenido, doctor, pase.

–Señor Harding, me da gusto verlo de nuevo.

–Por favor, llámeme John, doctor.

Sonrió y asintió.

–Espero que todo esté bien en Millennium.

–Bueno, la mayor parte del tiempo no estoy seguro. El gigante es tan enorme que mantener en funcionamiento todas sus partes en buena salud es una tarea casi imposible, como al fin están descubriendo General Motors, IBM y muchas otras compañías. Supongo que la naturaleza ha estado tratando de decirnos eso durante siglos. Un ser humano con una estatura de un metro ochenta y tres puede desenvolverse bien en toda clase de tareas; sin embargo, un ser humano lo bastante desafortunado como para medir dos metros cuarenta, apenas si puede vestirse y alimentarse. El tamaño, a la larga, tiene muy poco que ver con la competencia o el éxito.

El doctor no dejó de asentir mientras caminaba a mi lado por el pasillo hacia el estudio. Cuando entró en la habitación miró a su alrededor con admiración, iba a comenzar a hablar pero luego, sabiamente, permaneció en silencio. Supongo que comprendió que yo no necesitaba más cumplidos sobre el maravilloso trabajo de decoración que había hecho mi Sally. Negó con la cabeza cuando le ofrecí una copa y ambos nos sentamos en el sofá que daba hacia el jardín posterior, ahora oscuro. No hubo charla, ninguna charla durante varios minutos; el doctor giraba con nerviosismo su viejo sombrero entre las manos. Pensé que lo mejor que yo podía hacer era permanecer sentado y callado. Eso hice.

Al fin, el doctor se inclinó hacia adelante, apoyó sus codos en las rodillas y frunció el ceño mientras observaba la copa de su viejo sombrero. Su voz sonó mucho más ronca que de costumbre cuando al fin empezó a hablar sin mirar en mi dirección.

–John, me temo que soy portador de una noticia triste, como si no hubiera usted tenido suficiente para que durara una o dos vidas. De cualquier manera, como sabe, el pequeño Timothy Noble y su madre han estado bajo mi cuidado como médico desde que llegaron a Boland y el padre de Timothy partió hacia climas más cálidos. Me llevaron a Timothy por primera vez cuando, de acuerdo a su madre, había tenido problemas para mantener el equilibrio y ocasionalmente se quejaba de ver doble todo; doble visión. Después de examinar al jovencito dos veces decidí, con la aprobación de su madre, que lo examinaran algunos de mis colegas en el Centro Médico Dartmouth-Hitchcock. Le hicieron a Timothy largas series de pruebas.

De pronto el doctor se puso de pie sin mirarme. Tuve la urgencia repentina de ponerme de pie y salir corriendo de la habitación. ¡No deseaba escuchar más!

–John, descubrieron que Timothy tiene un tumor cerebral y debido a su localización poco común es inoperable. *Médulla blastoma* es uno de los nombres médicos más exóticos de esta enfermedad. Consideramos la quimioterapia por un tiempo, pero cabezas más inteligentes que la mía nos convencieron al fin de que debido a la localización del tumor teníamos poca o ninguna posibilidad de inducir cualquier clase de remisión por un tiempo que valiera la pena. Por lo tanto, su madre tomó la decisión, después de varias discusiones muy difíciles conmigo, de permitir que Timothy continuara con su vida diaria normal, como cualquier otro niño de su edad, mientras pudiera. Por supuesto, eso agradó mucho a Timothy, excepto que el jovencito puso una condición. Nos hizo prometer a ambos que no informaríamos a nadie sobre su problema. Dijo que no deseaba que nadie, en especial sus amigos de la escuela, sintiera lástima por él y le diera tratamiento especial porque sabía que pronto iba a morir. Deseaba ser tratado como cualquier otro chico de once años de edad.

Había escuchado las palabras del doctor con claridad y comprendí con exactitud lo que quiso decir. Sin embargo... sin embargo, dije·

—Doctor, ¿me está diciendo que Timothy sabía que su vida estaba perdida, que iba a morir? ¿Él lo sabía?

—Sí. Su madre, Peggy, es una mujer especial y fuerte. Como dije, los dos tuvimos varias pláticas antes que ella tomara la decisión de que Timothy merecía saberlo. Recuerdo bien la noche cuando, con lágrimas rodando por sus mejillas, ella dijo que si Dios había decidido que sólo podía tener a su bebé durante once o quizá doce años, entonces lo menos que ella podía hacer era decirle al niño la verdad, para que él pudiera al menos tratar de dirigir el regalo de cada nuevo día como lo deseara.

Levanté la voz y me disculpé.

—Doctor —dije después—, toda esta temporada de béisbol, usted lo vio, ese chico nunca dejó de trabajar con gran ahínco. Nunca dejó de intentarlo y siempre alentó a sus compañeros. ¿Recuerda "Día a día, en todos sentidos" y "Nunca, nunca, nunca se den por vencidos"? Sólo Dios sabe lo mucho que él significó para los Ángeles. ¿Me está diciendo que ese pequeño jugó y actuó de esa manera, con entusiasmo, ahínco, vigor, ánimo y sonrisas, animando siempre a los otros chicos, a pesar de saber... a pesar de saber que pronto iba a morir?

El doctor fijó al mirada en el piso y despacio asintió.

–¿Y estuvo bien para él jugar?

–Pensé que sería bueno para él cuando me lo preguntó en presencia de su madre, puesto que no podía resultar ningún daño adicional al jugar y eso ayudaría a mantener su mente en otras cosas. El juego, si es que de algo serviría, podría ayudar a alargar su período de movilidad, según creí.

–No lo he visto en más de tres meses, doctor. ¿Cómo está él?

–Bueno, en estos días tiene que esforzarse mucho más para mantener la sonrisa en el rostro, puesto que tiene dolor constante, le cuesta mucho esfuerzo mantener el equilibrio y la única forma como puede moverse es en su silla de ruedas. Sin embargo, no es muy grande el área que se puede cubrir en su pequeña casa, por lo que se las arregla bien.

–¿Qué hay acerca de su madre?

–Dejó el empleo y está a su lado. De su escuela le enviaron libros por un tiempo y material, pero ella no podía atender eso, por lo que sólo lo alimenta, lo mantiene limpio y trata de ser una compañera. Ella me dijo esta mañana que él duerme mucho tiempo ahora y que cuando no está dormido trata de leer y ver un poco de televisión.

–Si ella no está trabajando, doctor, ¿cómo se las arreglan? ¿Hay dinero?

Él negó con la cabeza, todavía evitaba mis ojos.

–No hay nada. Estoy ayudando un poco. A mi edad no tengo a nadie más por quién preocuparme o en quién gastar el dinero.

Al fin, el doctor se sentó de nuevo, ahora más cerca de mí. Extendí la mano y la coloqué en su hombro.

–¿Qué tal un hospital? ¿Estaría mejor allí Timothy?

–No lo creo. Todavía no, de cualquier manera. Aunque sean tan humildes pienso que está mejor en su propia casa y en su propia cama. El equipo y comodidades especiales de un hospital pueden hacer muy poco para aliviar su estado y Peggy no tiene servicio médico social. Sólo tenemos que mantenerlo como está mientras sea posible.

–¿Qué puedo hacer yo, doctor?

El viejo hombre sonrió un poco.

–Esperaba que preguntara –dijo–. Lo mejor que puede hacer, John, es hacerle una visita al pequeño. Todavía habla constantemente sobre la gran jugada que hizo. ¿Sabe con qué duerme?

–¿Con qué?

–Con el guante de béisbol que le dio.

A la mañana siguiente llamé por teléfono a Bette, a la oficina, para decirle que llegaría dos o tres horas tarde. Me recordó que tenía yo que almorzar con un par de editores de la revista *Macworld* al mediodía y dijo que atendería todo hasta que yo llegara. Fui al banco y retiré mil dólares en billetes de veinte. Saludé desde lejos a Stewart Rand en su oficina y salí del edificio antes que pudiera acorralarme con una charla larga e inútil. En seguida, fui a la Tienda de Bicicletas y Juguetes de Jerry, junto al banco, y compré el juego completo de tarjetas de béisbol de Topps Major League de los dos años anteriores. La esposa de Jerry fue lo bastante amable como para envolverlas para regalo.

Caía una lluvia ligera cuando al fin llegué al buzón gris con el letrero NOBLE pintado con letras irregulares en un costado. Tomé el lodoso camino y me estacioné cerca de la puerta principal. Peggy Noble debió verme o escuchar mi coche que se acercaba, porque la puerta se abrió antes que tuviera oportunidad de tocar. Estaba de pie en la puerta, con un viejo traje verde, y tocó una y otra vez sus labios con el dedo índice derecho para indicarme que no hablara. Cerró la puerta despacio y murmuró:

—Me da mucho gusto que haya venido. Timothy se durmió hace un rato mirando unas caricaturas en la televisión.

Me volví hacia el televisor viejo en blanco y negro. No lejos de éste estaba una silla de ruedas y allí se encontraba Timothy, con la cabeza inclinada hacia atrás y la boca parcialmente abierta, dormido por completo. Me acerqué más a la silla de ruedas y me arrodillé para poder verlo mejor. Mientras observaba su rostro guapo y pequeño sus ojos se abrieron de pronto. De inmediato se inclinó hacia adelante y extendió los dos brazos hacia mí.

—¡Señor Harding, vino a verme! ¡Vaya! ¡Mamá, mira, el señor Harding vino a verme!

—Sí, lo sé. ¿No es eso bonito, mi amor?

No pude controlarme. Me incliné hacia adelante, lo abracé y le besé la mejilla y después la frente. Él me devolvió los besos y me abrazó por el cuello.

—¡Sabía que vendría, lo sabía! ¡Lo sabía!

Limpié mi rostro con las palmas de las manos y le entregué las dos cajas envueltas para regalo, las cuales abrió de inmediato.

–¡Oh, vaya! ¡Mamá, mira! ¡Tarjetas de béisbol! ¡Cientos de ellas! ¡Qué bonitas! ¡Aquí esta Bobby Bonds y aquí está... Wade Boggs! Gracias, señor Harding. Gracias.

–Timothy, habría venido a visitarte antes, pero ni siquiera sabía que estabas enfermo. Honestamente. He estado trabajando en Concord...días muy largos... por lo que no me enteré, hasta que el doctor Messenger me lo dijo.

–¿Le dijo que yo voy a morir?

No supe cómo responder. Finalmente, sólo asentí.

Él pasó sus dedos pequeños por su cabello rubio y sonrió.

–Sin embargo cumplí mi deseo señor Harding. Le oré a Dios. Le pedí a Dios que me permitiera jugar todos los juegos programados y hacer una buena jugada y lo logré... lo logré, gracias a usted... y... a Dios.

Buscó debajo de la manta que cubría la parte inferior de su cuerpo y sacó su guante de béisbol. Entonces, con la misma rapidez con la que había despertado, su energía pareció desaparecer y sus ojos empezaron a cerrarse. En unos minutos estaba dormido profundamente. Le di unas palmadas en el brazo, me volví y me dirigí hacia su madre, quien había estado sentada con paciencia ante la mesa de la cocina, para permitir que Timothy y yo tuviéramos nuestra charla de "hombres".

–¿Quiere una taza de café, señor Harding? Acabo de preparar una jarra.

–Me encantaría. Gracias.

Sentado junto a ella, en esa cocina pequeña, me sentí muy impotente. Entonces recordé, metí la mano en el bolsillo interior de mi chaqueta y saqué el sobre café con el dinero. Lo deslicé por la mesa, hacia la señora Noble, tomé su mano y la coloqué encima del sobre.

–¿Qué es esto? –preguntó ella.

–Sólo llámelo una pequeña compensación por falta de empleo –le sostuve la mano–, ¿de acuerdo? Ahora, no diga nada, por favor.

En seguida, metí la mano de nuevo en el interior de mi chaqueta y saqué mi chequera personal, un bolígrafo y le hice un cheque.

–Me gustaría que utilizara esto como lo desee, para que usted y Timothy puedan tener lo que necesiten. También –saqué una de mis tarjetas de visita de mi billetera y escribí en la parte posterior–, este es el número telefónico de mi casa. Si necesita algo, llámeme, ¿prometido? El número de la oficina está al frente y haré arreglos para que si me llama por teléfono allí, reciba la llamada de inmediato.

Ella sólo permaneció sentada y me miró, sacudió la cabeza, parecía confundida por completo.

–¿Por qué hace todo esto por nosotros? Apenas si nos conoce, señor Harding.

–Señora Noble...

–Peggy, por favor.

–Peggy, cuando ese pequeño suyo llegó a mi vida, a principios de este verano, yo estaba dispuesto a terminarla. Sin mi esposa y mi hijo no tenía ningún deseo de continuar viviendo. Mi vida no tenía ningún valor para mí, pero el valor de Timothy y su elevado espíritu penetraron en mis momentos más oscuros de desesperación, me levantaron, me sacudieron, me enseñaron a sonreír de nuevo, me recordaron que tomara en cuenta mis bendiciones y me animaron a enfrentar cada día, uno a la vez. La lucha de Timothy en el diamante me hizo recordar los milagros que cualquiera de nosotros puede lograr cuando nos negamos a darnos por vencidos. Ese pequeño me enseñó cómo vivir de nuevo. ¿Cuál es el valor de mi vida? ¿Cómo puedo poner un precio al trabajo de salvamento de Timothy? ¿Cómo podría pagarle a él por la vela que encendió en mi vida? ¿A qué precio?

Enterré la cabeza en mis manos.

—¿Señor Harding, señor...

Timothy había despertado. Me puse de pie, me acerqué a él y me senté en el piso, cerca de la silla de ruedas.

—¿Sí, Timothy?

—¿Reza por su hijito?

—Seguro.

—¿Rezará también por mí cuando haya muerto?

—Cada vez que rece por Rick, rezaré también por ti.

Él asintió y sonrió.

—¿Y mientras todavía esté aquí, vendrá a verme?

—Lo prometo.

Cumplí mi promesa, varias veces cada semana, incluyendo el Día de Gracias... Navidad... Año Nuevo... y el Día de San Valentín...

XV
☙☙☙

Timothy Noble murió el 7 de abril.

Fue enterrado en un lote no lejos de Sally y Rick.

Como lo había prometido, un día llevé a Peggy Noble a consultar a la útil vendedora en la compañía de monumentos. A pesar de que le dije que estaba en libertad de elegir cualquier piedra y tamaño que deseara para Timothy, al final eligió un granito de color gris oscuro con la forma de un obelisco en el cual grabó:

TIMOTHY NOBLE

Marzo 12, 1979 Abril 7, 1991

¡Nunca, nunca, nunca me di por vencido!

Temprano por la tarde del día en que se recuerda en Estados Unidos a los soldados muertos en campaña, visité el Cementerio Maplewood y con amor coloqué una canasta de mimbre llena de rosas cerca de la lápida de piedra roja que marcaba el lugar de descanso de Sally y de Rick. Después de varias oraciones permanecí arrodillado no sé durante cuánto tiempo, antes de levantarme al fin y caminar despacio hacia la tumba de Timothy Noble. Me arrodillé cerca del costado de su lápida gris, lo bastante cerca como para tocarla, y saqué de una bolsa de papel el guante de béisbol que le diera a Timothy. A petición mía, su madre me lo había regresado unas horas antes sin hacer preguntas. Ahora lo coloqué al frente de la tumba, con la base del guante ampliamente extendida para que conservara el equilibrio sobre el césped, con los dedos señalando hacia arriba como si quisieran alcanzar el cielo, con una mano pequeña todavía en el interior.

—Gracias, pequeño, por ser *mi* ángel de esperanza y valor. Siempre te amaré y cada vez que respiro te debo un poco más.

En algún momento, durante los días cálidos del béisbol de verano, de aquí a tres años, el municipio de Boland celebrará la inauguración de la nueva biblioteca pública. Todos los arreglos han sido terminados para que sea construida en el sitio donde estaba la antigua biblioteca que fue destruida por el fuego. Yo me hice cargo ya de todos los detalles finales.

La biblioteca será llamada Biblioteca Pública Harding-Noble y en su vestíbulo alfombrado colgarán dos pinturas al óleo separadas...

... pinturas de dos pequeños.

ESTA EDICIÓN SE TERMINÓ DE IMPRIMIR
EL 22 DE AGOSTO DE 2002 EN LOS
TALLERES DE IMPRESORA PUBLIMEX, S.A. DE C.V.
CALZADA SAN LORENZO 279, LOCAL 32,
09900, MÉXICO, D.F.